Georg Huber

Begrenzungen lösen – Heilung erfahren

Ich widme dieses Buch René,
einem der großartigsten,
liebsten und begabtesten Menschen,
denen ich je begegnet bin.
Möge alles wieder so sein wie zuvor.

Georg Huber

Begrenzungen lösen –
Heilung erfahren

Der Sieben-Schritte-Prozess
zur Befreiung deines Selbst

//////////////////////////////// SILBERSCHNUR 🦋 VERLAG

Hinweis

Dieses Buch hat nicht die Absicht, eine ärztliche oder psychologische Behandlung zu ersetzen. Die Methode zeigt einen Weg auf, die Ursache für Erkrankungen des Körpers zu erkennen und die Selbstheilungskräfte des Körpers zu aktivieren. Ebenso hilft die Methode dabei, Emotionen und Verhaltensmuster zu verändern. Ich rate dennoch jedem Leser, der schwerwiegende psychische Probleme, wie Depressionen oder Suizidgedanken, oder auch Erkrankungen des Körpers hat, sich in die Hände eines erfahrenen Arztes bzw. Therapeuten zu begeben und das Buch nicht als alleinige Hilfe anzusehen. Es gibt sicherlich viele Ärzte und Therapeuten, die bereit sind, diese Methode gemeinsam mit Ihnen anzuwenden.

Alle Rechte vorbehalten.
Außer zum Zwecke kurzer Zitate für Buchrezensionen darf kein Teil dieses Buches ohne schriftliche Genehmigung durch den Verlag nachproduziert, als Daten gespeichert oder in irgendeiner Form oder durch irgendein anderes Medium verwendet bzw. in einer anderen Form der Bindung oder mit einem anderen Titelblatt als dem der Erstveröffentlichung in Umlauf gebracht werden. Auch Wiederverkäufern darf es nicht zu anderen Bedingungen als diesen weitergegeben werden.

Copyright © 2015 Verlag »Die Silberschnur« GmbH

ISBN: 978-3-89845-457-5

1. Auflage 2015

Gestaltung & Satz: XPresentation, Güllesheim
Umschlaggestaltung: XPresentation, Güllesheim; unter Verwendung eines Motivs von © theromb, www.shutterstock.com
Druck: Finidr, s.r.o. Cesky Tesin

Verlag »Die Silberschnur« GmbH
Steinstraße 1 · D-56593 Güllesheim
www.silberschnur.de · E-Mail: info@silberschnur.de

Inhalt

Einleitung	11
I: Die Theorie	15
• Die Entstehung des Sieben-Schritte-Prozesses	17
• Leid – ein notwendiges Übel?	21
• Psychosomatische Erkrankungen und Ursachenforschung	29
• Der Kreislauf der Emotionen	37
• Heilung muss auf der Ebene der Verletzung geschehen	43
• Der rote Faden	47
• Kurze Zusammenfassung	51
II: Die Praxis	53
• Der Sieben-Schritte-Prozess	55

- Praktische Anwendungen des
  Sieben-Schritte-Prozesses   87

- Aller Anfang ist schwer   101

- Der Sieben-Schritte-Prozess für
  Fortgeschrittene – das transformierende Herz   109

Abschluss   113

Anhang   117

- Der Sieben-Schritte-Prozess – die Meditation   119

- Die Meditationen zum Vorlesen
  und Nachsprechen   122

- Der Sieben-Schritte-Prozess
  zur Heilung der Vergangenheit   130

- Der Sieben-Schritte-Prozess
  zur Heilung des Körpers   138

- Über den Autor   147

Hinweis zum Download der Meditationen

Am Ende des Buches erhalten Sie die Informationen, die Sie brauchen, um die zum Buch gehörigen Meditationen herunterzuladen. Ich bitte Sie aber, zunächst das Buch durchzuarbeiten, bevor Sie sich den Meditationen widmen. Vielen Dank.

Die Meditationen finden Sie unter:
www.silberschnur.de/meditationen

Einleitung

Heilung und Erlösung sind zentrale Themen eines jeden Menschen. Die Suche nach Befreiung, die Suche nach Glück und einem Weg, das eigene Leid zu beenden, vereint uns alle. So unterschiedlich wir Menschen auch sein mögen, wir alle haben ein Päckchen, das wir tragen, und viele Menschen widmen ihr ganzes Leben der Suche nach einer Möglichkeit, dieses Päckchen wieder abzugeben und es aufzulösen. Ein jeder von uns hat Leid in seinem Leben erfahren oder trägt eine Krankheit mit sich herum. Ein jeder von uns spürt alte Verletzungen in sich und den damit verbundenen Wunsch nach Heilung und Liebe.

Unzählige Bücher und Weisheiten sind zu den Themen Heilung und Erlösung geschrieben worden. Dies ist keinesfalls eine Modeerscheinung, nein, seit Anbeginn der Zeit spüren die Menschen, dass es mehr gibt als das alltägliche Leben, das scheinbare Auf und Ab. Es liegt in unserer Natur, zu hinterfragen, zu beobachten, und wenn wir einer Krankheit in uns begegnen, auf die gleiche Situation emotional immer und immer wieder auf dieselbe Weise reagieren, ein Verhaltensmuster in uns tragen, das uns stört – dann taucht ganz von alleine und unbewusst die Frage nach dem Wieso in uns auf.

Vielleicht ist die Frage anfangs ganz leise und zaghaft, wie das Flüstern des Windes, der uns eine Veränderung bringen möchte, doch im Laufe der Zeit verändert sich das Flüstern, es bleibt nicht mehr dabei. Der Drang und der Wunsch nach Veränderung werden immer stärker, so dass es für uns keine andere Wahl gibt, als hinzuschauen und hinzuhören: Die Emotionen, die wir spüren, fließen in unsere Beziehungen ein und machen uns das Leben schwer. Die Ängste kleben wie Fußketten an uns, begleiten uns bei jedem Schritt und wir spüren immer mehr, wie mühsam und schmerzhaft es für uns geworden ist, einen Fuß vor den anderen zu setzen.

Und da sind auch die Krankheiten in uns, die entstanden sind, die uns traurig machen, uns Angst machen und uns scheinbar jeden Tag zeigen wollen, dass etwas in uns und mit uns nicht "stimmt". Der Wunsch in uns nach Heilung reift über Jahre heran, und irgendwann ist es so, dass wir die Entscheidung treffen, Veränderungen in unserem Leben zuzulassen und die alten Begrenzungen loszulassen.

Einleitung

In diesem Buch möchte ich mit Ihnen eine Methode teilen, die Sie in Ihrem Wunsch nach Heilung und Veränderung unterstützen kann. Ob Krankheiten, Verhaltensmuster, Ängste oder Emotionen, meiner Meinung nach sind sie alle auf die gleiche Weise entstanden und unterliegen bestimmten Gesetzmäßigkeiten und Mustern. Und sie alle können durch bestimmte Regeln und Prozesse wieder erlöst und geheilt werden.

Dies gelingt mit dem Sieben-Schritte-Prozess, einer Technik zur Erlösung und Heilung von Begrenzungen in uns. Der Prozess kann Ihnen helfen, mit Ihrer Vergangenheit und Ihrer Gegenwart in Frieden zu kommen. Er kann Ihnen dabei helfen, alte emotionale Verletzungen zu heilen, Begrenzungen und Blockaden zu lösen und Muster ins Positive zu verändern. Und der Sieben-Schritte-Prozess lässt Sie die wahre Ursache einer Erkrankung erkennen und gibt Ihnen die Möglichkeit, das Muster hinter einer Erkrankung gleich umzuwandeln.

Ich freue mich, diesen Sieben-Schritte-Prozess mit Ihnen teilen zu dürfen. Ich bin mir sicher, dass auch Sie mit diesem Prozess einen Weg finden werden, Ihre Begrenzungen auf leichte und effektive Weise zu lösen und Heilung zu erfahren.

Alles Liebe,
Georg

1

Die Theorie

Die Entstehung des Sieben-Schritte-Prozesses

Lieber Leser,

ich selbst interessiere mich sehr dafür, woher Informationen kommen, die verbreitet werden – ob dies alltägliche Nachrichten, Studien oder auch spirituelle Weisheiten sind. Daher möchte ich Ihnen kurz erläutern, wie dieses Buch entstanden ist.

Ich habe aufgrund einer dramatischen Kindheit, schwerer Krankheiten und der tiefen Sehnsucht nach Frieden als Jugendlicher angefangen, mich mit Methoden der Heilung auseinanderzusetzen. Anfangs war es eher der Wunsch nach einer "Wunderheilung", doch schnell begann ich mit dem Studium anderer Kulturen und

Weisheiten und probierte einige Methoden und Techniken der Spiritualität aus. Vor allem aber beobachtete ich – ich war immer ein Beobachter gewesen, ein stiller Beobachter und ein Forscher, der nie aufhörte, tiefer zu graben und hinter das scheinbar Offensichtliche zu blicken.

Ich erlernte als Jugendlicher bereits sehr früh Methoden der Energiearbeit und erhielt Einweihungen, doch es dauerte einige Jahre, bis ich – ich möchte sagen – anfing zu "verstehen". Am Anfang des Weges ist man meist mit allerlei Philosophien und Theorien konfrontiert. Der spirituelle Markt ist so vielfältig, dass es schon verwirrend sein kann. Doch je länger man sich mit der Thematik beschäftigt, umso klarer kristallisiert sich ein Weg heraus und man beginnt, die einfachen Gesetzmäßigkeiten zu entdecken, die fern ab von jeder Kompliziertheit liegen. Aufgrund der Sensibilität, die ich zu Emotionen hatte, beschäftigte ich mich neben der "geistigen" Heilung und energetischen Umwandlung auch intensiv mit den Emotionen. Wie entstehen sie? Welchen Zweck haben sie? Welchen Zusammenhang gibt es zwischen Emotionen und auch Krankheiten oder Emotionen und Verhaltensstrukturen?

Als ich anfing, die klaren Gesetzmäßigkeiten, die Prinzipien der Heilung, die Einfachheit der Spiritualität und der Heilung zu begreifen, hielt ich so etwas wie einen Schlüssel in der Hand – einen Schlüssel in Form des Sieben-Schritte-Prozesses.

Der Sieben-Schritte-Prozess wurde einem Freund von mir durch ein Gespräch mit den geistigen Reichen übermittelt. Ich kann mir vorstellen, dass es ein paar Leser abschrecken könnte, wenn sie etwas von "Übermittlung" oder "Gesprächen mit Geistwesen" hören. Doch ist es in dem Fall nicht viel wichtiger, wie wahr und wertvoll Informationen sind, als woher die Informationen kommen?

Sich den geistigen Reichen zu öffnen, ist wie ein Schatz für uns, ein Aufatmen und Erkennen, dass wir nicht alleine sind. Die Wesen aus den geistigen Reichen sind voller Weisheit und Liebe, die sie mit uns teilen möchten, und erinnern uns an unseren wahren Ursprung und Kern.

Wenn Sie selbst mit den geistigen Reichen nichts zu tun haben wollen oder gar glauben, dass diese Reiche schlicht nicht existieren, dann respektiere ich das.

Vielleicht möchten Sie in dem Fall die Herkunft des Sieben-Schritte-Prozesses ausblenden, denn egal woher diese Methode kommt, sie kann Ihnen vielleicht dabei helfen, Ihr Leben zu verändern.

Am Anfang war die Übermittlung dieser Information des Sieben-Schritte-Prozesses eher nebensächlich, gar unwichtig. Es war so, wie wenn Sie mit einem Freund sprechen, und während eines stundenlangen Dialogs sagt Ihr Freund auf einmal einen Satz. Dieser Satz ist nur einer von vielen, doch er bleibt Ihnen irgendwie im Gedächtnis. Mehr noch: Sie spüren irgendwie, dass dieser Satz wichtig für Sie ist, und ob bei Tag oder Nacht, immer wieder gibt es etwas in Ihnen, dass Sie an diesen banalen Satz erinnert. So erging es mir mit dem Sieben-Schritte-Prozess, und ich verstand bald, dass ich einen Schlüssel erhalten hatte, mit dem ich etliche Türen öffnen konnte. Ich schaute mir die sieben Schritte genauer an, studierte sie, probierte sie aus und irgendwann tauchte da die Frage in mir auf: "Ist es denn möglich? Unterliegt jede Krankheit, jede Angst, jede Emotion und jedes Verhaltensmuster einer Gesetzmäßigkeit? Und kann ich sie alle durch die sieben Schritte umwandeln und heilen?"

Ich beschäftigte mich noch tiefer mit Krankheiten, Traumata, Emotionen, Ängsten und Verhaltensmustern und fand sehr viele Parallelen und Verbindungen. Schließlich erkannte ich, dass hinter all diesen Blockaden eine ganzheitliche Verbindung besteht und dass ich mit dem Sieben-Schritte-Prozess einen Einfluss auf meine Traumata, Ängste, Emotionen und auch Krankheiten nehmen kann und sie zur Erlösung und Heilung bringen kann.

Nun ist es Zeit, diese sieben Schritte mit Ihnen zu teilen.

Ich wünsche Ihnen, dass die sieben Schritte Ihnen dabei helfen, ein selbstbestimmteres, glücklicheres, friedvolleres und gesünderes Leben zu führen.

Leid – ein notwendiges Übel?

»Den Sinn hinter einem Leid zu erkennen, bedeutet,
wahres Glück zu sehen.«

Wir Menschen haben für alle unsere Probleme ein Wort gefunden: Leid. Ob es die Streitereien mit einem geliebten Menschen sind oder die alljährliche Allergie. Ob es die tiefe Traurigkeit oder Depression in uns ist oder ein störendes Verhaltensmuster, das uns und auch anderen das Leben zur Qual macht:

Wir sprechen immer von Leid, wir leiden unter diesen Problemen.

Jeder Mensch leidet auf die eine oder andere Weise in seinem Leben. Leid erfährt jeder, und oft erscheint uns dieses Leid sinnlos. Oftmals scheint es so, als ob Leid eine Laune des Schicksals sei, ein Würfelspiel, bei dem jeder einmal drankommt und eine Bestrafung erhält. Und das Wort "Bestrafung" kommt unserem Bild von Leid recht nah. Wenn wir Leid erfahren, ist die erste Reaktion darauf eine tiefe Traurigkeit und Ohnmacht – und auch die Frage: "Warum ich?"

Doch wenn Sie rückblickend und vielleicht auch genauer hinschauen, ob in Ihr Leben oder in das Leben anderer, so stellen Sie sicherlich fest, dass dieses Leid auch immer eine Veränderung gebracht hat. Oftmals können wir diese Veränderung nicht begreifen, aber sie scheint zu geschehen. Man könnte gar behaupten, dass Leid manchmal notwendig war, um eine Wende im Leben zu erfahren, um aus alten Mustern auszubrechen und eine Verwandlung zu erfahren.

Ich bin mir sicher, Sie kennen eine Handvoll Personen, die am Ende eines langen, vielleicht auch schwierigen Weges durch eine Krankheit doch Dankbarkeit empfunden haben und eine Krankheit oder irgendeine andere leidvolle Erfahrung als Weckruf und Aufrütteln verstanden haben.

Betrachten Sie Ihr Leben bitte einmal rückblickend, und erinnern Sie sich an die Situationen, in denen Sie Ihrer Meinung nach Leid erfahren haben. Ist es nicht so, dass, wann immer etwas Leidvolles in Ihr Leben trat, Sie über sich selbst hinausgewachsen sind? Und ist es vielleicht auch so, dass Sie feststellen können, dass im Nachhinein selbst die großen Schwierigkeiten Ihres Lebens, Probleme, die Sie hatten, am Ende doch einen Schatz in sich bargen? Hatte das Leid doch etwas Gutes an sich?

Manchmal ist alles um uns herum so schwer, dass uns das Leben in die Knie zwingt, und dann geschieht meistens die Verwandlung in uns. Wir können nicht mehr anders, als zu hinterfragen, was geschehen ist. Wir suchen die Stille auf und beginnen damit, den Sinn hinter dem Leid und unserem Problem zu suchen.

Wir erkennen, dass wir keinesfalls das Opfer von irgendwelchen von Gott geschickten Schicksalsschlägen sind, und wir beginnen damit, unser Leben komplett zu verändern.

Ich möchte Ihnen in diesem Kapitel Ihre schmerzhaften Erfahrungen nicht wegreden oder sie gar entschuldigen. Eher liegt es mir am Herzen, dass wir Menschen erkennen, dass die Dinge um uns herum nicht einfach zufällig geschehen und dass, wie bei allem, auch die Medaille des Leides zwei Seiten hat. Und ich möchte Sie ermutigen, hinter dem Leid einen Sinn zu erkennen. Dies ist mir ein wichtiges Anliegen.

Wir alle sind mit einem Thema auf die Erde gekommen. Wenn Sie Kinder haben, können Sie das sicherlich am einfachsten sehen, denn trotz Ihrer "Erziehung", Ihres Vorbildes und Ihrer Gene haben unsere Kinder von Anfang an Neigungen, Talente und auch Verhaltenszüge, die sie nicht von uns erhalten haben. Es scheint, als kommen sie schon mit bestimmten "Themen" und auch Problemen auf die Erde. Sie selbst können sich vielleicht bestimmte Muster, Ängste oder Neigungen in Ihnen und in Ihrem Leben ebenfalls nicht logisch erklären.

Ich möchte Ihnen mit der folgenden These nicht zu nahe treten, und keinesfalls möchte ich eine schlimme Situation, die Sie ertragen mussten, mit meiner Theorie entschuldigen. Es fällt schwer, hinter Leid einen Sinn zu erkennen, gerade wenn es scheinbar hilflose Wesen betrifft. Doch der zentrale Punkt des Sieben-Schritte-Prozesses ist die Annahme. Erlauben Sie mir also bitte, Ihnen meine Gedanken mitzuteilen:

Wir alle sind mit einem Thema auf diese Erde gekommen, mit einer Herausforderung, mit einem Plan, mit einem Ziel. Und um diese Herausforderung zu meistern, um einen ganz bestimmten Seinszustand leben zu können oder um eine uns lange begleitende Angst zu heilen, erfahren wir Leid in unserem Leben.

Dies erkennen wir am deutlichsten in den Mustern unseres Lebens.

Wir scheinen in absoluter Dunkelheit zu leben, immer wieder erfahren wir das Dunkle um uns herum, die Lieblosigkeit um uns herum. Oder wir leben ein Leben voller Angst, wir gelangen immer wieder in Situation, die unseren Mut fordern, immer wieder, jeden Moment aufs Neue – und wir fragen uns, wieso wir so gefordert werden.

Sie wissen, dass wir einer dualen Welt, in einer Welt der Gegensätze, leben und dass wir das Yin ohne das Yang nicht erfahren können. Selbst wenn Sie noch niemals etwas von Dualität, Yin und Yang oder sonst einer östlichen oder westlichen Lehre gelesen haben, leben Sie das Prinzip der Dualität jeden Tag und kennen es auch:

Jeden Winter lernen Sie den Sommer schätzen und sehnen sich nach warmen Tagen. Die dunklen Tage machen Sie müde, und wenn der Frühling kommt und die Tage länger werden, lächeln Sie ganz automatisch und empfinden ein Gefühl der Dankbarkeit. Sie erinnern sich in manchen schwierigen Situationen daran, dass es auch wieder schöne Tage geben wird, und vielleicht sagen Sie manchmal: "Wir könnten das doch gar nicht schätzen, wenn wir nicht dieses oder jenes erfahren würden."

Das ganze Leben ist dieser Polarität unterworfen, und Sie selbst wissen und leben dies. Diese Polarität, diese Gegensätze sorgen dafür, dass wir das Leben erfahren und es lieben. Alles im Leben ist dieser Polarität unterworfen, alles hat seine Gegenseite. Selbst im Körper ist dieses Prinzip vertreten, es gibt immer zwei Seiten der Medaille. Doch wenn dieses Prinzip in allem existiert, wenn es eine Gesetzmäßigkeit ist, die man nicht ändern kann, wieso wenden wir es dann nicht auch auf unsere Probleme an, sobald sie entstehen? Wieso fragen wir uns nicht ganz automatisch, welchen Pol ich gerade erfahre, wenn ich leide, und ob diese Erfahrung nicht sogar ein wichtiger Bestandteil meiner Reise ist, um das Gegenteil erfahren zu können?

Wie sollen wir jemals erkennen, wie lichtvoll wir sind – für uns selbst und auch für andere –, wenn es immer hell um uns herum ist?

Wie können wir erkennen, dass unsere Essenz die reine Liebe ist, dass wir lieben können, wenn wir nicht in Lieblosigkeit aufwachsen?

Wie können wir unsere Größe erkennen, uns groß und herrlich fühlen, wenn es nicht Menschen um uns herum gibt, die uns kleinhalten wollen?

Wie können wir Mut entwickeln, mutig im Leben voranschreiten, wenn da nicht die Angst in uns und um uns herum ist, die uns fordert?

Wir wissen all dies bereits, doch es liegt in unserer Natur, dass wir es manchmal vergessen. Wenn wir uns und unser Leben genauer betrachten, dann können wir erkennen, dass unser Leid, all die Erfahrungen, die wir gemacht haben, dienlich für uns waren und es auch weiterhin sind. Wir haben den einen Pol erfahren, um den anderen in uns zu erkennen.

Was uns alle miteinander verbindet, ist sicherlich auch eine nicht so einfache Kindheit. Kein Kind in dieser Welt ist in absoluter Reinheit und Liebe aufgewachsen. Die Kindheit war die Zeit der Prägungen für uns, und oft wurde in dieser Zeit der Samen der Polarität gesät.

Wir gehen durch die Kindheit, erfahren unsere Verletzungen, erfahren die "dunkle" Seite der Polarität, um dann irgendwann, wenn die Zeit gekommen ist, die andere Seite, die "helle" Seite erfahren und leben zu dürfen.

Durch die Erfahrung des Dunklen und des Hellen in uns entsteht die Einheit.

Man könnte meinen, dass dies Unsinn ist, ungerecht.
Ist es nicht gerechter und einfacher, wenn wir auf diesen Planeten geboren werden, ohne diese schlechten Erfahrungen machen zu müssen?
Wenn wir geboren werden, und es ist einfach schon alles aktiviert, was wir leben wollen – der Mut, die Liebe etc.

Ich glaube, das geht in dieser dualen Ebene des Seins schlicht und ergreifend nicht.
Dies ist ein Ort der Erfahrung, des Lernens und des Wachstums. Und es ist ein Ort der Erkenntnis, die nur entstehen kann durch Unwissenheit. Viel wichtiger als die Frage, ob all unser Leid ungerecht ist, ist doch die Frage, wie wir die Einheit und den Frieden wiederfinden können. Wie können wir Heilung erfahren?

Wir haben die Lieblosigkeit erfahren, um die Liebe für uns und die Welt zu entfachen. Wir haben die Angst erfahren, um den Mut in uns zu entdecken.
Und wir haben die Dunkelheit erfahren, um das Licht in uns zu erkennen.

Wenn wir an den Punkt der Erkenntnis gekommen sind, wenn wir an den Punkt gekommen sind, an dem wir hinter all unseren Erfahrungen einen Sinn suchen, wenn wir verstehen, dass die Erfahrungen notwendig für uns waren, wie integrieren wir dann diese Erfahrungen, wie heilen wir sie?

Der Sieben-Schritte-Prozess ist eine Möglichkeit, dies zu tun. Doch bevor ich Ihnen die sieben Schritte genauer erläutere, möchte ich mit Ihnen noch eine kurze Reise in die Welt der psychosomatischen Krankheiten unternehmen und Ihnen die Entstehung von Emotionen beschreiben.

Psychosomatische Erkrankungen und Ursachenforschung

In den letzten Jahrzehnten haben sich viele Forscher mit der Entstehung von Krankheiten beschäftigt, und in der Medizin hat sich ein Zweig entwickelt, der sich mit psychosomatischen Erkrankungen beschäftigt.

Wenn Sie vor 30 Jahren mit einer Krankheit zu einem Arzt gekommen sind, hat dieser Ihnen erstmals sein Beileid ausgesprochen und dann mit Medikamenten versucht, die Krankheit zu bekämpfen. Mittlerweile ist es aber so, dass wir Menschen immer sensibler geworden sind und begonnen haben, die Dinge, die uns widerfahren, zu hinterfragen. Krankheiten werden heutzutage nicht mehr einfach als zufällig auftretende Störung gesehen, sondern es wird nach der Ursache der Krankheit geforscht. Es ist nun auf einmal völlig klar, dass sich Stress so weit auf unseren Körper auswirkt, dass wir Krankheiten entwickeln und dass diese Krankheiten manchmal von selbst verschwinden, wenn die Ursache des Stresses aufgelöst wird.

Autoren überall auf der Welt haben Bücher darüber geschrieben, welche seelisch-emotionale Ursache hinter einer Krankheit steckt. Dank der Autoren wie Louise L. Hay, Lise Bourbeau oder auch Christiane Beerlandt und natürlich auch Autoren aus früheren Zeiten ist es für viele Menschen ganz natürlich geworden, bei einer Blasenentzündung zum Beispiel nach eventuell vorhandenen Ängsten zu suchen, die man nicht loslassen kann. Mehr noch, es entwickelten sich in den letzten Jahren ganze Alternativsysteme, die die Ursache einer Krankheit suchen, bevor der Mensch behandelt wird. Wir Menschen denken und fühlen immer ganzheitlicher und wenden dieses Prinzip auch auf unsere Krankheiten an. Wir sehen die Krankheit nicht mehr als einen reinen Zufall an, und vor allem glauben wir nicht mehr, dass eine Krankheit sich nur auf körperlicher Ebene zeigt und auch nur dort entsteht. Früher schien es eine Laune der Natur zu sein, wenn man in irgendeiner Form krank wurde, heute ist es schon üblicher, sich sein Leben zu betrachten und die Krankheit selbst als Botschaft zu sehen.

Es kann heute sogar sein, dass Sie zu Ihrem Hausarzt gehen, der Ihrer Meinung nach sehr schulmedizinisch orientiert ist, Sie aber dennoch bei Ihrem neu auftauchenden Hautproblem fragt, ob Sie in irgendeiner Form eine Trennung oder einen Verlust erfahren haben, da er sich mit den emotionalen Ursachen von Krankheiten beschäftigt hat. Krankheiten werden von Ärzten und auch von den Patienten immer häufiger hinterfragt, statt sie durch manchmal sinnlose Medizin zu bekämpfen.

Zugegeben, das Hinterfragen von Krankheiten erfordert eine Menge Mut, denn es bedeutet, dass ich zu einem Teil auch für die Entstehung der Krankheit verantwortlich bin. Doch es eröffnet meiner Meinung nach wahrhaft den Weg zur Heilung. Es zeigt, dass wir nicht länger den Glauben haben, Opfer zu sein, sondern dass unser Körper, unser Geist und unsere Seele ein hochenergetisches, verbundenes System bilden, das sich gegenseitig durchdringt, bedingt und beeinflusst. Jeder Gedanke, jedes Gefühl, alles hat Auswirkungen auf unseren Körper, und daher fühlen sich die Seele und unser Geist in einem gesunden Körper wesentlich "wohler".

Doch wie entstehen Krankheiten?
Krankheiten, Ängste oder störende Verhaltensmuster sind durch nicht gelebte Emotionen entstanden.

Wir alle haben im Laufe unseres Lebens Situationen erfahren, in denen wir glaubten, dass unser Leben bedroht ist. Sehr viele solcher Situationen erfahren wir in unserer Kindheit. Wenn Sie als Kind, um ein Beispiel zu nennen, die Erfahrung machen, dass Ihre Eltern sich streiten oder gar von einer Trennung sprechen, empfinden Sie einen großen Schock. Es kommt vielleicht der Angst zu sterben gleich, wenn Sie als Kind daran denken, Ihre Bezugspersonen, jene Menschen, von denen Sie vollkommen abhängig sind, zu verlieren. Als Erwachsener wissen Sie, dass Worten nicht unbedingt immer Taten folgen, doch als Kind fehlt Ihnen diese Erfahrung. Ich habe keinen Zweifel daran, dass solch eine Erfahrung, die man als Kind macht, zu einem späteren Problem führen kann (aber natürlich nicht immer muss).

Ich möchte gerne noch detaillierter auf solch eine Schocksituation eingehen. Nehmen wir an, dass Sie als Kind von Ihrem Vater ungerecht behandelt wurden.

Die normale Reaktion auf eine ungerechte Behandlung ist Wut. Als Erwachsener kennen Sie diese automatische Reaktion, und Wut ist keinesfalls etwas, was man unterdrücken sollte. Wut ist äußerst heilsam, und wenn ein Kind nach einer ungerechten Behandlung oder einer Bestrafung mit Wut reagieren kann, hat der Konflikt, der durch die Ungerechtigkeit ausgelöst wird, die Möglichkeit, wieder zu heilen. Doch was geschieht mit der Wut, wenn ich sie als Kind nicht ausleben konnte?

Wenn Sie Ihren Körper und seine Reaktion und Interaktion mit der Umwelt betrachten, so sehen Sie, dass der Körper darum bemüht ist, jegliche negativen Einflüsse von außen abzuwehren. Wenn Sie eine Infektion haben und in Kontakt mit "Keimen" kamen, dann versucht der Körper, diese Keime durch Husten oder Fieber abzutöten und wieder nach draußen zu befördern. Der Körper reagiert auf jeden Eindringling und versucht, auch jegliche andere Erkrankung durch bestimmte Maßnahmen zu heilen. Egal, ob Sie etwas "Ungutes" essen oder ob Ihnen Staub in die Nase gelangt, alles, was nicht in den Körper gehört, versucht der Körper wieder hinauszubefördern. Dies ist ein normaler und natürlicher Mechanismus.

Bei ihrer "Seele" verläuft dieser Vorgang ganz genauso. Wenn Sie einen Konflikt erfahren, ob es die Trennung von einem geliebten Menschen ist, der Verlust einer Arbeitsstelle, eine Streiterei mit einer anderen Person oder auch eine ungerechte Behandlung durch den Vater, ganz egal, welcher Konflikt es ist, dann reagiert die Seele und versucht, den Konflikt durch Emotionen zu heilen. So wie der Körper sofort mit Gegenmaßnahmen reagiert, um Krankheiten zu heilen oder gar nicht entstehen zu lassen, so reagiert die Seele auf jeden Konflikt, den wir erfahren, mit Emotionen.

Wenn wir ungerecht behandelt werden, werden wir wütend.
Wenn wir eine Verletzung erfahren, dann werden wir traurig.

Das ist ebenfalls ein ganz normaler und natürlicher Mechanismus.

Wenn wir diesen Emotionen erlauben, da zu sein, durch uns zu fließen und zu wirken, dann kann der Konflikt meist geheilt werden. Die Parallelen mit dem Körper sind sehr deutlich: Wenn Sie etwas essen, das Sie nicht vertragen, scheidet der Körper dieses Essen wieder aus, manchmal sogar ganz schnell auf dem Weg, auf dem es hereingekommen ist. Danach geht es Ihnen wieder gut.

Bei Verletzungen und den darauffolgenden Emotionen ist es das Gleiche: Sie selbst wissen aus Ihrem Leben am besten, wie Emotionen Heilung bewirken können und wie frei Sie sich fühlen, wenn Sie einmal eine Wut oder eine Trauer richtig herausgelassen haben.

Doch was geschieht, wenn wir diesen Emotionen nicht erlauben, da zu sein? Was geschieht, wenn wir die natürliche Reaktion unserer Seele unterdrücken?

Genau dies geschieht nämlich gerade in unserem Leben, vor allem in unserer Kindheit nur allzu oft.

Man kann seit vielen Jahren immer stärker beobachten, dass viele Kinder in der jetzigen Zeit keine großen Probleme mehr damit haben, ihre Emotionen zu zeigen.

Es wird schon überall von Krisen gesprochen, weil die heutigen Kinder zu starken Emotionen neigen.

Doch für die Kinder anderer Generationen war es oft nicht möglich, die Emotionen, die heilenden Emotionen auszuleben. Ein Kind hat nun einmal Schwierigkeiten, die eigenen Eltern zu verraten oder sie gar als Ursprung seines Leides zu sehen. Die Eltern hatten Recht mit dem, was sie taten. Wenn sie uns verletzten, so glaubten wir als Kinder, dass sie einen Grund dafür hatten, der in unserer Unzulänglichkeit zu finden sein müsste. Eltern sind für viele Jahre die einzigen und wichtigsten Bezugspersonen für Kinder. Eltern sind wie kleine Götter, als Kind ist man vollkommen abhängig von ihnen. Und genau deswegen fiel es den meisten Kindern damals und auch heute noch schwer, ihre Emotionen "gegen" ihre Eltern auszuleben.

Des Weiteren wurden in vielen Generationen die Emotionen unterdrückt, über Jahrhunderte hinweg galten Emotionen als etwas "Ungutes" und wurden tunlichst verhindert. Ein Kind durfte nicht wütend sein oder sich gegen die Eltern auflehnen. Und viele durften auch ihre Traurigkeit nicht ausleben, denn es war für die Eltern und die Gesellschaft ein Zeugnis von Schwäche. Die Frage, die unausweichlich folgt, ist:

Was geschieht mit diesen Emotionen, die nicht ausgelebt werden können, nicht fließen können?

Der Kreislauf der Emotionen

Was man ganz sicher sagen kann, ist, dass eine Emotion nicht einfach verfliegt, weil das Ventil geschlossen wurde. Diese Emotion bleibt im Gedächtnis des Körpers, des ganzen Seins gespeichert und wartet auf eine zukünftige Situation, um wieder nach draußen zu können. Es ist, wie wenn der Körper einen Virus einkapselt, weil er ihn nicht nach draußen befördern kann. Genauso kapselt die Seele einen Konflikt ein, der nicht sofort nach draußen befördert wird durch gelebte Emotionen.

Erklärung: "E-motion" = Gefühl in Bewegung

Wir haben im Laufe unseres Lebens immer wieder Kontakt mit dieser Kapsel und den eingeschlossenen Gefühlen. Es ist nicht so, dass wir die Verkapselung der

Gefühle in unserem Leben nicht bemerken würden. So, wie wir bei der Einkapselung eines Virus doch spüren, dass der Körper Energie dafür verbraucht und wir schwächer sind, so spüren wir auch regelmäßig, dass es ungelöste Gefühle in unserem Inneren gibt, die beachtet werden wollen.

Am deutlichsten werden uns unsere Verletzungen und eingeschlossenen Gefühle durch unsere Beziehungen bewusst. Dies geschieht durch das sogenannte "Knöpfedrücken" und meist in Verbindung mit einem Partner. Wir reagieren auf die Worte und Situationen in unserer Beziehung ganz unbewusst und von diesen inneren Verletzungen gesteuert.

Wie ich in meinem Büchlein "Wie Paare wieder zueinanderfinden" beschrieben habe, ist eine Beziehung genau dazu da, um die unerlösten Verletzungen, die unverarbeiteten Emotionen in uns sichtbar zu machen. Gerade in Beziehungen macht es Sinn, die Streitthemen, die man erlebt, einmal genauer anzuschauen, die Verletzungen in den Beziehungen anzuschauen und sich dann an die eigene Vergangenheit und Kindheit zu erinnern. Oft glauben wir, dass wir durch den Partner und seine Worte sowie Taten verletzt werden, doch meist ist es so, dass wir nur deswegen die Worte und Taten als Verletzung wahrnehmen, da wir diese Verletzung bereits in uns tragen.

Außer in den Beziehungen, die unsere unterdrückten Emotionen und Verletzungen aufdecken, zeigen sich diese unterdrückten Emotionen aber auch oft im und am Körper in Form von Hauterkrankungen, Asthma, Allergien, Entzündungen und vielen anderen Erkrankungen. Ich bin mir sehr sicher, dass fast eine jede Krankheit, die wir in uns haben, ihre Ursache in unseren emotionalen Verletzungen hat.

Stellen Sie sich die Emotionen einmal wie eine Energie vor, die sich in Ihrem Körper befindet. Wenn die Energie nicht aus dem Körper gelassen wird, dann verdichtet sie sich. Über Jahre, manchmal auch nur über wenige Monate hinweg, verdichtet sich die Energie immer mehr und verfestigt sich zu einer Krankheit, die man bemerken muss.

Krankheiten sind Wege, den Menschen auf Emotionen und unerlöste, leidvolle Erinnerungen aufmerksam zu machen.

Wenn Sie Ihr Leben betrachten, werden Sie sicherlich Momente und Phasen erkennen, in denen Sie eine Krankheit hatten, die dann aber wieder in dem Tempo verschwand, in dem sie gekommen ist. Entweder haben Sie damals ein bestimmtes emotionales Problem für sich gelöst oder Sie haben die emotionale Belastung in dieser Lebensphase beendet. Viele Menschen machen diese Erfahrung in Beziehungen, die ihnen keine Erfüllung mehr schenken. Manchmal entwickelt sich recht schnell, manchmal langsam über Monate hinweg auf einmal eine Problematik mit dem Herzen, zum Beispiel Herzrhythmusstörungen, oder auch Probleme mit der Schilddrüse. Wenn diese Beziehung dann beendet wird oder wurde, verschwinden die körperlichen Symptome und Probleme auf einmal auf wundersame Weise. Ich selbst und Sie sicherlich auch kennen etliche solcher Fälle oder haben dies bereits in Ihrem eigenen Leben erfahren.

Ich möchte Ihnen in diesem Buch keine Auflistung geben, welche Emotionen zu welcher Krankheit führen. Es gibt unzählige Bücher zu diesem Thema, und ich bin wahrlich kein Experte darin, auch wenn ich meine Erfahrungen in diesem Bereich der Psychosomatik gemacht habe. Aber vielleicht ist Ihnen aufgefallen, dass ich davon spreche, dass die Ursachen der meisten Krankheiten in unerlösten Emotionen bzw. in "seelischen" Verletzungen zu finden sind. Ich glaube tatsächlich nicht, dass dieses Prinzip der Verletzung auf jede Krankheit zutrifft. Mittlerweile gibt es in unserer modernen Welt so viele Gifte und Umwelteinflüsse, die ebenfalls ihren Beitrag dazu leisten, dass unser Körper geschwächt wird. Ich schätze, dass das Prinzip der emotionalen Verletzungen auf 80 Prozent der Krankheiten zutrifft.

Wenn Sie wünschen, so beschäftigen Sie sich mit der Analyse von Krankheiten, hilfreich kann es in jedem Fall sein. Bevor Sie nun aber Ihr Analysebuch hervorholen oder sich eines kaufen, lassen Sie mich noch auf ein Problem hinweisen. Denn viele dieser Bücher bieten Ihnen als Heilung für Ihre Krankheit eine Affirmation an, und eine Affirmation alleine reicht bei emotionalen Problemen meist nicht aus, wie Sie im Folgekapitel sehen können.

Heilung muss auf der Ebene der Verletzung geschehen

»Es wird Zeit, mit dem Herzen zu denken
und mit dem Verstand zu fühlen!«

Das größte Problem, das wir in der westlichen Zivilisation, vielleicht sogar auf der ganzen Welt mit uns herumtragen, ist, dass wir unserer Ratio, unserem Verstand, eine viel zu große Macht gegeben haben. Verstehen Sie mich bitte nicht falsch, ich gehöre nicht zu den Menschen und Weisheitslehrern, die das Ego und den Verstand verteufeln und zerstören wollen. Kein Mensch mit Verstand und auch nicht mit Herz würde einen Sinn dahinter sehen, etwas in sich zu bekämpfen, was einem hilft, das Leben zu erfahren. Ohne "Ego" könnten wir überhaupt keine irdischen Erfahrungen machen. Aber ich sehe es tatsächlich so, dass der Verstand eigentlich für etwas anderes vorgesehen war. Es ging nie darum, dass er die Rolle des Herzens einnimmt, sondern dass er die Impulse aus dem Außen und auch aus dem Inneren bewertet, sortiert, analysiert und uns die Möglichkeit gibt, Lernerfahrungen zu machen und das Leben als solches zu begreifen.

Diese übermäßige Kraft der Ratio spiegelt sich auch in unserer Problemlösung: Sehr viele Menschen versuchen, eine Krankheit einfach wegzudenken, ob durch Affirmationen (wie: "Ich bin vollkommen gesund") oder durch Sätze wie: "Ach, das geht schon wieder weg. Alles halb so wild."

Nun, der menschliche Verstand ist zu vielem fähig, und manchmal schafft er es auch, Krankheiten zu verlagern oder zu lösen, doch meiner Meinung nach nur, wenn diese nicht oder kaum auf einem emotionalen Konflikt beruhen.

Wenn ich aus einer bestimmten Erfahrung her ein Verhaltensmuster entwickelt habe, ohne dass ein emotionaler Konflikt dahintersteht (was meiner Meinung nach selten ist), oder wenn der emotionale Konflikt, die seelische Verletzung nur sehr schwach ausgeprägt ist, dann kann ich ihn oder sie vielleicht "wegdenken". Doch in den meisten Fällen hat dies keinen Erfolg, da die Ursache des Problems auf einer anderen Ebene liegt.

Mir fällt gerade ein sehr schönes Beispiel aus dem Buch "Adayuma oder bis die Seele vergibt" ein, in der Pokuwoo mit Violet über die Entstehung von Problemen spricht. Gerne möchte ich dieses Beispiel verwenden.

Stellen Sie sich einen Baum vor, vielleicht in Ihrem Garten oder in einem Park in Ihrer Nähe. Ein Baum, der ganz offensichtlich ein "gesundheitliches" Problem hat, denn seine Blätter sind gelblich, sein Stamm hat Wucherungen, manche Stellen der Rinde sind mit Parasiten bedeckt und viele Äste tragen keine Blätter mehr. Sie wollen diesem Baum natürlich helfen, damit er wieder in voller Kraft erstrahlt, und denken darüber nach, wie Sie das anstellen könnten. Nun, zunächst könnte man die Baumkrone etwas stutzen, da der Baum es offensichtlich nicht schafft, die Nährstoffe in die Krone zu transportieren. Sicherlich wäre dies für eine kurze Zeit eine Erleichterung. Man könnte natürlich auch vorsichtig die Wucherungen herausschneiden oder auch die Parasiten an der Rinde mit einem entsprechenden Mitte bekämpfen, so dass diese absterben.

Doch all diese Maßnahmen würden keinen dauerhaften Erfolg und keine Heilung herbeiführen, denn das "Übel" liegt nicht an der Wucherung, an der Baumkrone oder an den Parasiten. Das "Übel" liegt an der Wurzel, es ist die Wurzel, die beschädigt ist und die es aufgrund der Verletzung nicht schafft, die Nährstoffe zu transportieren und den Baum zu stärken.

Genauso sehe ich es mit den Krankheiten und Problemen unseres Lebens, ich beobachte dies immer und immer wieder: Die Ursache für die Probleme, die wir haben, egal ob es um eine Krankheit, eine Angst, ein Verhaltensmuster oder was auch immer geht, findet sich in einer emotionalen Verletzung (Wurzel), die wir einst erfahren haben.

Der rote Faden

Stellen Sie sich einmal vor, Sie haben immer wieder eine Konfliktsituation mit einer anderen Person, zum Beispiel mit Ihrem Lebenspartner. Zwischen Ihnen beiden gibt es ein Problem, das sich täglich in Ihrer Beziehung zeigt, und Sie führen tagtäglich immer wieder die gleiche Diskussion. Sie haben jeden Tag die gleichen Gefühle und Frustrationen in sich, erleben immer wieder die gleiche Situation. Sie lösen die Probleme nicht, und von heute auf morgen entwickeln Sie plötzlich eine Ohrenentzündung oder einen Tinnitus.

Oder Sie haben als Kind durch einen Übergriff von Ihrem Vater oder Ihrer Mutter eine schwerwiegende Grenzübertretung erfahren mit dem Gefühl der tiefen Trauer und auch der Angst, keinen Raum mehr für sich zu haben. Dieses Gefühl sitzt in Ihnen und zeigt sich in

Ihrem Leben immer wieder. Doch Sie haben nicht die Kraft oder die Möglichkeit, diesen Konflikt anzuschauen, die Gefühle anzuschauen – und plötzlich entwickelt sich aus scheinbar heiterem Himmel eine Blasenschwäche, die Sie Tag und Nacht begleitet.

Sie könnten aber auch die Erfahrung einer großen Scham erfahren haben, da Sie zum Beispiel Ihre Mutter dabei erwischt hat, als Sie sich selbst berührt haben, vielleicht sogar als kleines Kind. Und dies wurde mit Worten sofort hart bestraft. Im späteren Leben entwickeln Sie das starke Verlangen, sich ständig, egal mit was Sie in Kontakt kamen, Ihre Hände zu waschen. Das wird zu einem Zwang.

Sie machen als junge Erwachsene die Erfahrung, dass Ihr Vater die Familie verlässt, eine Familie, die, wie Sie glaubten, absolut harmonisch ist und zusammengehört. Sie kommen im Laufe der Jahre darüber hinweg, die Beziehung zu Ihrem Vater gestaltet sich sogar vielleicht noch schöner und intensiver, als Sie es sich je erträumt haben. Doch bald schon zeigt sich Ihren eigenen Kindern, Freunden und auch Ihrem Partner gegenüber die übertriebene Angst, ja schon eine Panik, dass den Menschen um Sie herum etwas passieren könnte. Sie haben jedes Mal Angst, wenn Ihr Partner das Haus verlässt oder Ihre Kinder in den Kindergarten gehen. Die Angst wandelt sich zu einer echten Panik und begleitet Sie Ihr restliches Leben.

Diese Beispiele gibt es zu tausenden, und ich habe für mich keinen Zweifel, dass dies genau so funktioniert, dass dies der Ablauf ist:

Sie erfahren eine emotionale Verletzung, und die Emotionen können nicht ausgelebt werden, nicht erfahren werden, da der Schock zu tief sitzt.

Die an sich "gute" - oder sagen wir natürliche und gesunde - Reaktion, die Gefühle herauszulassen, sie zu erleben, wird unterbunden. Und so, wie die Verletzung der Wurzel dafür sorgt, dass sich Schäden am Rest des Baumes zeigen, entstehen auch durch die emotionalen Verletzungen bei Ihnen störende Verhaltensmuster (Baumkrone), sichtbare Krankheiten (Rindenbefall) oder auch feststeckende und schwere Ängste (Geschwüre des Baumes).

Ich habe bisher kein deutliches Muster erkennen können, auf welcher Ebene sich bei Menschen die emotionale Verletzung zeigt. Ob bei den Verhaltensmustern (Zwang, Süchte, Ticks), Glaubensmustern (ich bin nicht gut, ich werde wieder verlassen, ich bin ein Versager), Ängsten oder Krankheiten, es gibt kein Muster à la: Bei reichen Kindern zeigen sich die emotionalen Verletzungen eher im Körper oder bei dicken Männern eher auf der Verhaltensebene. Ich habe kein Muster entdeckt, vielleicht habe ich auch einfach nicht lange genug danach gesucht. Bei den meisten Menschen zeigt sich die emotionale Verletzung auf allen Ebenen, bei anderen ist eher eine Ebene stärker als die andere betroffen. Es kommt tatsächlich immer auch auf den Menschen an, auf seine Neigungen, seine Lernaufgaben und seine Prägungen.

Aber dennoch haben alle Menschen, egal auf welcher Ebene sich die Verletzung ausdrückt, eines gemeinsam:

Wenn Sie den Faden wieder auffädeln und sich erlauben, die Verletzungen anzunehmen und sie zu erleben, sie zu heilen, lösen sich auch die verschiedenen Auswirkungen der Verletzungen auf allen Ebenen auf.

Und die Menschen haben noch etwas gemeinsam: Es sind immer die gleichen Prinzipien, die eine Heilung bewirken. Die Ursache der Probleme muss erkannt werden, die Situation muss angenommen werden und der Kampf gegen sich selbst muss beendet werden. Der Mensch muss bereit sein, all seine Probleme und die damit verbundenen Themen wahrhaft loslassen zu wollen, er muss bereit sein, zu vergeben und so in seine Herzensgüte zu kommen, und er muss die bewusste Entscheidung treffen, wie er sein Leben in Zukunft gestalten möchte. Und da wären wir beim Sieben-Schritte-Prozess.

Kurze Zusammenfassung

Ich danke Ihnen, liebe Leser, für Ihre Geduld. Ich habe mir absichtlich Zeit damit gelassen, "zum Punkt zu kommen", denn ich glaube, dass der theoretische Hintergrund und die Denkanstöße, die ich Ihnen versucht habe zu vermitteln, sehr wichtig sind, um den Sieben-Schritte-Prozess richtig anzuwenden.

Ich werde Ihnen den Sieben-Schritte-Prozess nun vorstellen, erlauben Sie mir aber bitte, vorher noch die Informationen aus den vorherigen Kapiteln zusammenzufassen.

Leid ist nichts, was aus dem "bösen Willen" Gottes entsteht, sondern es ist eine Möglichkeit, uns auf unsere Verletzungen aufmerksam zu machen, so dass wir wieder in der Reinheit leben, in der wir geboren wurden.

Jede Aufgabe, die wir Menschen in unserem Leben gestellt bekommen, dient unserer Entwicklung. Es gibt einfach nichts in unserem Leben, das uns NICHT auf unserem Weg zur Seelenentwicklung, zur Entfaltung unseres wahres Ichs unterstützt. Der Weg, der in die Unterbrechung der Spirale führt, ist, dies zu erkennen.

Hinter den meisten Krankheiten, Ängsten, Verhaltensmustern und anderen Blockaden steckt schlicht und einfach eine emotionale Verletzung, die wir erfahren haben. All diese Probleme machen uns auf Anteile von uns aufmerksam, die integriert werden wollen, auf Verletzungen, die geheilt werden wollen.

Man muss das Problem dort lösen, wo es entstanden ist.

2

Die Praxis

Der Sieben-Schritte-Prozess

Ich stelle Ihnen nun die sieben Schritte im Einzelnen vor. Bitte lesen Sie sich einfach die Beschreibungen und auch die Anwendung dieser Schritte durch.
In einem späteren Kapitel werde ich Ihnen Beispiele geben, wie Sie die sieben Schritte auf bestimmte Bereiche in Ihrem Leben anwenden können.

1. Erkennen
2. Annehmen
3. Loslassen
4. Auflösen
5. Vergeben
6. Sich selbst vergeben
7. Neu wählen

1 – Erkennen

Bevor wir ein Glaubensmuster, ein Verhaltensmuster, eine Blockade oder eine Krankheit transformieren (umwandeln) können, müssen wir die Energie als solches erst einmal erkannt haben.

Oft leben wir Blockaden unbewusst. Wir sind zum Beispiel eifersüchtig oder haben Ängste. Wir haben eine bestimmte Krankheit oder ein bestimmtes Verhaltensmuster, das wir immer und immer wieder in uns erleben.

Die Erkenntnis, dass diese Blockade in uns existiert, stellt die Grundvoraussetzung zur Umwandlung dar. Die Erkenntnis, dass diese Blockade nicht mehr dienlich für uns ist, der Wunsch, Heilung zu erfahren, ist notwendig, um sie transformieren zu können. Erkenntnis bedeutet aber auch, dass ich mir bewusst mache, welche Umstände zu meinem Problem geführt haben. Und es bedeutet, dass ich meinem Inneren die Möglichkeit gebe, alle Aspekte und Winkel meines Problems zu offenbaren.

Anleitung zum Erkennen:

Betrachten Sie Ihr "Problem" von allen Seiten:

- Wie wirkt es sich in Ihrem Leben aus?
- Wie behindert es Sie?
- Wie fühlt es sich an, mit welcher Emotion und mit welchen Gedanken ist es verbunden?
- Haben Sie vielleicht eine Idee, wie dieses Problem in Ihnen entstanden ist?

Vielleicht möchten Sie sich auch einmal Stift und Zettel bereitlegen und mal ganz genau aufschreiben und aufzeichnen, wie sich Ihr Problem darstellt, wie es sich auswirkt, bei welcher Person sich das Problem am meisten zeigt, in welcher Situation es auftaucht. Erlauben Sie Ihrer inneren Weisheit, mit Ihnen zu kommunizieren und Ihnen das Problem von allen Seiten zu zeigen.

Versuchen Sie, der Blockade in Ihnen einen Namen zu geben, sie sichtbar und fühlbar zu machen. Vielleicht erinnern Sie sich dann, wann die Angst, die Krankheit das erste Mal in Ihnen entstanden ist – und Emotionen bahnen sich ihren Weg in Ihr Bewusstsein. Sie spüren die Wut und die Traurigkeit. Emotionen wollen gelebt werden, Energien wollen wahrgenommen werden. Tauchen Sie ruhig so lange in die Emotion ein, bis Sie merken, dass Sie sich freier und besser fühlen. Wenn die Emotion gelebt wird, löst sie sich von selbst auf. Nicht immer ist es so, dass Emotionen aufsteigen. Es gibt auch Blockaden, die weniger mit Emotionen verbunden sind. In diesem Fall steigt vielleicht ein Bild in Ihnen auf, und Sie erkennen auf diesem Wege, wie die Blockade entstanden ist.

Vielleicht ist es auch nur ein "Erahnen", was da gerade in Ihnen vorgeht. Egal, was geschieht oder was auch scheinbar nicht geschieht, nehmen Sie es an.

Nehmen Sie sich eine halbe Stunde Zeit, und tauchen Sie in die Energie des Problems ein. Analysieren Sie das Problem, verstehen Sie das Problem! Benutzen Sie auch Ihren Verstand dazu, und schaffen Sie sich ein umfassendes Bild von Ihrem Problem.

2 – Annehmen

Bevor wir etwas für uns auflösen können, bedarf es neben der Erkenntnis ebenso der Annahme. Eine Krankheit kann nicht heilen, wenn sie nicht als Bote verstanden oder sogar verteufelt und gehasst wird. Wenn wir uns für ein Verhaltensmuster verurteilen, nähren wir die Blockade in uns nur stärker. Wenn wir in einem Mangel leben und uns immer wieder über den Mangel beschweren und dagegen ankämpfen, werden wir auch weiter den

Mangel leben müssen. Unser Zwang oder unsere Sucht verlassen uns auch nicht, wenn wir versuchen, sie wegzuscheuchen oder zu verdammen. Annehmen bedeutet also für uns:

Wir be- und verurteilen uns nicht mehr für die Blockaden und Muster in uns. Wir nehmen die Situation so, wie sie im Jetzt ist, an. Es ist ein Irrglaube, dass man in dem Problem gefangen bleibt, wenn wir das Problem annehmen und es ihm erlauben, da zu sein. Die Situation kann sich überhaupt erst durch die Annahme ins Positive verwandeln!

Beenden Sie den inneren Krieg, kämpfen Sie nicht mehr gegen diesen Teil in sich an. Sie werden sehen, dass die Blockade allein durch die innere Annahme schon beginnt, sich aufzulösen.

Anleitung zum Annehmen:

Sie haben im ersten Schritt Ihrem "Problem" einen Namen gegeben. Sie haben es betrachtet, es beobachtet, die Auswirkungen auf Ihr Sein erkannt. Nun ist es Zeit, das Problem nicht länger als ein Problem zu sehen.

Die Blockade in Ihnen kann sich erst lösen, wenn Sie sie wahrhaft in Ihr Herz integriert haben, wenn Sie

sie liebevoll angeschaut haben und ihr für die Botschaft und die Erkenntnis dankbar sind.

Auch wenn es Ihnen schwerfallen wird und sich Teile in Ihnen dagegen sträuben, die Energien in Ihnen anzunehmen, so bitte ich Sie, es dennoch zu tun. Lassen Sie Ihr Herz strahlen, und erlauben Sie der Blockade, für einen Moment wenigstens, in die Essenz der Liebe einzutauchen. Wenn Sie die Form der Visualisierung wählen, so können Sie sich auch vorstellen, wie die Blockade eine Form annimmt und Sie diese Form voller Mitgefühl und Demut umarmen. Oder aber Sie denken einfach an Ihr Problem, tauchen in es ein, fühlen es vollkommen und richten dann Ihre Aufmerksamkeit auf Ihr liebendes Herz.

Sie werden spüren, wenn Sie wahrhaft angenommen haben. Sie werden lächeln und ein Gefühl von Frieden in Ihrem Körper spüren. Im Sieben-Schritte-Prozess ist dieser Schritt vielleicht sogar der wichtigste und bedarf der größten Aufmerksamkeit.

Nehmen Sie Ihr Problem an, es zeigt sich Ihnen aus einem Grund, den Sie erfahren dürfen.

Sehen Sie die Krankheit als einen kurzzeitigen Wegbegleiter an, als einen Boten Ihrer Seele.

Nehmen Sie Ihr Verhaltensmuster an, das sich in Ihnen zeigt. Es ist aus einem energetischen Ungleichgewicht entstanden, aus einer Verletzung Ihrer Emotionen – und darf nicht verurteilt werden.

Und auch Ihre Angst braucht in erster Linie Ihre Liebe und Ihre Annahme, damit sie sich lösen kann.

Nehmen Sie einfach an, was in Ihnen ist, erlauben Sie allem seine Existenz und seien Sie dankbar dafür, dass Ihnen dieses Problem begegnet ist.
Ich weiß natürlich aus eigener Erfahrung, dass es nicht einfach ist, sein Problem zu "lieben". Aber ich weiß auch aus Erfahrung, dass das Lieben der einzige Weg ist, wie ich diese Begrenzung in mir wieder aufheben kann.

Sehen Sie Ihr Problem als ein kleines Kind, vielleicht als ein bockiges Kind oder ein wütendes Kind. Auch wenn Ihr Kind nicht immer das tut, was Sie von ihm möchten, was Sie sich als ideal vorstellen, so ist Ihre Liebe zu Ihrem Kind immer gewiss und bedingungslos.

Gibt es einen Menschen, den Sie bedingungslos lieben und annehmen können? Vielleicht ein Freund, das eigene Kind, den Partner oder ein Haustier?

Dann denken Sie für einen Moment an dieses Wesen, das Sie so lieben und annehmen. Denken Sie so lange an es, bis Sie die Liebe und das Gefühl der bedingungslosen Annahme in sich spüren können. Wenn Sie an diesen Punkt gekommen sind, dann richten Sie Ihren Blick auf das Problem, das Sie lösen möchten, und erlauben Sie der Liebe und der Annahme, die Sie zuvor gespürt haben, auch für Ihr Problem spürbar zu sein. Dazu ist etwas Übung nötig, doch es führt zum Erfolg!

3 – Loslassen

Die Schritte des Annehmens und des Loslassens gehen nahtlos ineinander über.

In dem Moment, in dem wir die Begrenzung angenommen haben, wandelt sie sich. Es ist ein Aufatmen in uns, die Blockade atmet auf, denn endlich kann sie uns durch die Annahme ihre wahre Ursache aufzeigen. Gefühle steigen vielleicht auf, und es ist wichtig, auch diese Gefühle anzunehmen und sie zu durchleben.

In dem Moment, in dem Sie mit dem Prozess anfangen, werden Ihnen Ihre geistige Führung, Ihre "Seele" und auch Ihr Unterbewusstsein über Ihre Wahrnehmung und Intuition Energien offenbaren, die zu der Blockade geführt haben.

Im ersten Teil des Prozesses, wenn wir das Problem erkennen, offenbaren sich oft schon viele Zusammenhänge. Und doch, wenn wir dann im dritten Teil des Prozesses unsere Blockade bereits angenommen haben und bereit sind, sie loszulassen, sie ziehen zu lassen – nicht weil wir sie loswerden wollen, sondern weil wir ihre liebende Botschaft verstanden haben –, dann zeigen sich im Schritt des wirklichen Loslassens oft noch weitere Botschaften, die die Blockaden betreffen.

Anleitung zum Loslassen:

Spüren Sie in sich hinein, Sie wissen, wann der Zeitpunkt gekommen ist, die Blockade in Ihnen loszulassen. Wenn Sie das Gefühl haben, noch für einen Moment genauer in die Blockade hineinfühlen zu wollen, dann tun Sie das. Lassen Sie sich mit der Annahme auch die Zeit, die Sie brauchen, um die Annahme wahrhaftig zu fühlen! Wenn Sie in sich die Bereitschaft spüren, die Blockade nun abzugeben, dann sagen Sie Folgendes:

> »Ich gebe die Blockade ab, ich bin bereit, meine Begrenzung in Liebe loszulassen.«

Verabschieden Sie sich nun von Ihrem "Kind", von Ihrer eigenen Schöpfung. Wie unangenehm die Blockade, das Problem, das Muster, die Emotion oder die Krankheit auch für Sie gewesen sind, durch die Annahme spüren Sie nun vielleicht sogar ein wenig Dankbarkeit – Dankbarkeit, weil Sie dieses Problem zu einer Erkenntnis über Sie selbst geführt hat. Dankbarkeit, weil Ihr Problem

Sie zur Heilung und zum Bewusstsein Ihres wahren Selbst geführt hat. Und dann seien Sie bereit, Ihr Problem loszulassen, es gehen zu lassen. Verabschieden Sie sich von Ihrem Begleiter.

Ein paar Gedanken zwischen den Schritten

Sie werden im nächsten Schritt an die Auflösung Ihres Problems gehen, doch vorab möchte ich mit Ihnen noch einen Gedanken teilen.

Der vierte Schritt des Sieben-Schritte-Prozesses beinhaltet die Verbindung und Arbeit mit den geistigen Reichen. Wie Sie in der Anleitung gleich lesen werden, können Sie den Schritt auch ohne diese geistigen Reiche vollziehen. Doch wieso, frage ich mich?

Der Großteil aller Menschen glaubt an eine "höhere" Macht, Aufgestiegene Meister (also jene Menschen, die einst hier auf Erden waren und uns nun von der geistigen Ebene aus helfen) oder Erzengel sind keineswegs Einbildungen. Seit Menschenbeginn begleiten sie uns, wir sind ein Teil von ihnen und sie sind ein Teil von uns.

In den geistigen Reichen existieren auch Sie, es gibt eigentlich nicht wirklich einen Unterschied zwischen einem Geistwesen, wie einem Engel oder Meister, und Ihnen. Alles ist nur eine Frage des Betrachtungswinkels. Das, was Sie als Mensch sind, stellt nur einen kleinen Teil dessen dar, was Sie wahrhaftig sind! Der wesentlich "größere" Anteil von Ihnen ist ein Geistwesen. Um es in Kürze auf den Punkt zu bringen:

Sie sind ein großes Bewusstsein, das in den geistigen Reichen existiert. Und als dieses große Bewusstsein haben Sie einen kleinen Teil Ihres Bewusstseins in diesen Körper gebracht, inkarniert. Auf der "höchsten" Ebene des Bewusstseins gibt es nicht einmal eine Trennung zwischen Gott und Ihnen. Dieses Buch ist nicht der richtige Ort, um Ihnen meine Ideen zur Schöpfung und Seelenentwicklung mitzuteilen, aber es ist mir dennoch wichtig, dass Sie die Möglichkeit in Betracht ziehen, dass Sie ein geistiges Wesen sind und Ihr Anteil als Mensch wirklich sehr gering ist.

Im nächsten Schritt treffen Sie auf ein geistiges Wesen mit dem Namen "Saint Germain" und auch auf den Begriff der violetten Flamme. Saint Germain ist das, was wir einen Aufgestiegenen Meister nennen. Ein Mensch wie Sie und ich, der durch die vielen, vielen Erdeninkarnationen die Bemeisterung erfahren hat und von der geistigen Ebenen nun dem Göttlichen und der Menschheit dient. Sicherlich kennen einige der Leser diese Energie und diesen Namen. Doch an alle anderen Leser habe ich eine Bitte: Probieren Sie es einfach einmal aus.

Das Licht Gottes teilt sich in viele Farben, das können Sie am Regenbogen erkennen oder an einem Prisma, auf das ein Lichtstrahl trifft. Wir sehen das Licht als weiß, doch es beinhaltet viel mehr als das Weiß. Jede Farbe des Lichtstrahls hat eine Aufgabe, birgt ein Lernthema in sich, trägt eine ganz einzigartige Energie. Über das Blau sind wir beispielsweise hier auf die Erde gekommen, es ist der Strahl, die Farbe und Energie, die Erzengel Michael zugeordnet wird. Und das Lernthema ist: Mut!

Wir Menschen wandern durch alle diese Farben und Strahlen und bemeistern sie, bevor wir wieder in das göttliche weiße Licht "zurückkehren".

Der violette Strahl, der Erzengel Zadkiel und eben auch Saint Germain zugeordnet wird, ist irdisch betrachtet der jüngste Strahl und das Thema ist Transformation! Violett ist eine stark reinigende Kraft, eine Kraft, die Energien umwandeln kann.

Ich würde mich freuen, wenn Sie sich einen Moment mit diesen Gedanken anfreunden würden oder sie zumindest nicht abwehren. Für manch einen mag dies etwas "spanisch" klingen und auch Widerstände wecken, die ebenfalls meist in anderen Inkarnationen begründet sind. Das Einzige, worum ich Sie bitte, ist, diese Kraft einmal zu nutzen, sie auszuprobieren. Vielen Dank hierfür. Wenn Sie mit dieser Energie nicht arbeiten möchten, so werde ich Ihnen einige Alternativen aufzeigen.

4 – Auflösen

Ihre Bereitschaft, die Energien nun loszulassen, lässt Ihre geistigen und auch inneren Helfer in Aktion treten. Es ist für Sie nicht mehr notwendig, die Blockade oder das Problem weiter mit sich herumzutragen. Sie haben das Problem erkannt und analysiert, Sie haben das Problem angenommen, es in den Arm genommen, es begonnen zu lieben. Und Sie waren bereit, Ihr Problem nun loszulassen, sich von ihm zu befreien.

Ihre geistige Führung wird Ihnen diese Energien nun abnehmen, sofern dies Ihr Wunsch ist, und diese Energien für Sie umwandeln. Durch wen diese Transformation oder Umwandlung geschieht, ist zweitrangig. Wichtiger ist Ihr Vertrauen in diese Wesenheit oder in das Göttliche.

Wenn Sie überhaupt nichts mit Engeln oder anderen Lichtwesen zu tun haben möchten, wenn Sie daran zweifeln, dass Sie eine geistige Führung haben, oder gar ein Atheist sind, so ändert dies überhaupt nichts. Die geistige Führung dient Ihnen als Hilfe, doch die Kraft, die Fähigkeit, Ihnen nicht mehr Dienliches zu verwandeln, ist in Ihnen. Die Lichtwesen unterstützen uns bei diesem Prozess, doch Sie können diesen Schritt auch ohne diese Unterstützung durchführen, wenn das Ihr Wunsch ist.

Ich werde in der Anleitung dennoch ein Lichtwesen mit einbeziehen. Da Saint Germain jenes Lichtwesen ist, das uns bei der Transformation von Blockaden hilft und durch das dieser Sieben-Schritte-Prozess entstanden ist, führe ich diesen Schritt nun auch mit ihm durch.

Anleitung zum Auflösen:

Rufen Sie Saint Germain und alle Meister oder Engel, die Ihnen bei der Transformation helfen können. Wenn Sie möchten, können Sie natürlich auch Ihre geistige Führung, Ihr höheres Selbst, die göttliche Quelle selbst oder ein anderes Lichtwesen um Unterstützung bitten.

Spüren Sie nun in Ihren Körper hinein, und fühlen Sie genau, wo die Energie sitzt, die Sie jetzt transformieren möchten. Die Energie hat sich durch die Annahme schon gewandelt, und nun kommt der Schritt, Sie vollständig von der Begrenzung zu befreien.

Visualisieren Sie das violette Licht, das sich in einer Flamme für Sie offenbart. Übergeben Sie die Blockade in Ihnen der violetten Flamme, und sehen Sie, wie die Energie in reines, göttliches und weißes Licht umgewandelt wird.

Geben Sie mit der Blockade nun auch vorhandene Restenergien aus Ihrem Unterbewusstsein und aus Ihren Gedanken, aus Ihrem Gefühls- und spirituellen Körper der violetten Flamme zur Transformation. Machen Sie das so lange, bis Sie das Gefühl haben, befreit zu sein, und bis sich ein Lächeln der Dankbarkeit und Leichtigkeit auf Ihrem Gesicht zeigt.

Auf welche Weise Sie das violette Licht für Sie nutzen, ist zweitrangig. Wichtig ist Ihre Absicht, Ihre Bereitschaft.

Wenn es Ihnen schwerfällt, die zu reinigenden Energien in Ihrem Körper wahrzunehmen, dann können Sie Ihre Blockade auch in eine Form packen und diese in die violette Flamme geben. Wenn es eine schmerzhafte Erinnerung ist, die Sie heilen möchten, so lassen Sie das violette Licht in Ihre Erinnerung, in ein geistiges Foto Ihrer Vergangenheit einfließen oder geben Sie die Erinnerung in Form eines Fotos in die violette Flamme. Es steht Ihnen frei, es ist Ihre Wahl, auf welche Weise Sie das violette Licht nutzen möchten.

Wenn es Ihr Wunsch ist, diesen Schritt ohne geistige Hilfe zu vollziehen, dann visualisieren und spüren Sie, wie Sie die Energien aus Ihrem Körper entfernen und sie vielleicht in ein Lagerfeuer geben. Oder Sie tauchen die Energien in einen See der Reinigung. Lassen Sie sich einfach von Ihrer Intuition leiten, wie Sie diese Energien am besten lösen können.

5 – Vergeben

Dies ist ein Schritt, der uns Menschen immer schwerfällt, denn Vergebung bedeutet, den Schmerz, den wir einst erfahren haben, wahrhaftig anzunehmen. Die Wut und Traurigkeit, die Enttäuschung und Verletzungen hängen wie Ketten an unseren Füßen und erschweren uns jeden Schritt auf dem Weg ins Erwachen. Doch um in ein neues Bewusstsein einzutreten, müssen wir die Vergebung erfahren und von ganzem Herzen vergeben haben.

Ich möchte Ihnen eine kleine persönliche Geschichte erzählen: Auch ich stand an Weihnachten 2009 vor der Situation, der Person zu vergeben, die mir über viele, viele Jahre meines Lebens sehr viel Leid zugefügt hatte: meiner Mutter. Ihr zu vergeben, ihr wirklich von Herzen zu vergeben, hielt ich lange Zeit für unmöglich, denn die viele Gewalt und Lieblosigkeit schienen mich ein Stück weit zerstört zu haben.

Doch ein paar Wochen vor Weihnachten spürte ich in mir eine große Ohnmacht und einen großen emotionalen Schmerz. Dieser zeigte sich auch auf körperlicher Ebene: Ich bekam plötzlich keine Luft mehr. Es waren sehr merkwürdige Tage, die mich sehr ängstigten. Die Emotionen in mir waren Gott sei Dank sehr stark, und so war ich gezwungen, mich immer wieder zurückzuziehen und den Emotionen ihren freien Lauf zu lassen. Es gab Tage, an denen ich für lange Zeit in meinem Bett lag und den Schmerz einfach nur herausweinte. Und die Worte in mir formten sich ebenfalls von ganz alleine: "Wieso hast du das getan?" "Wieso konntest du mich nicht lieben?" "Wieso musstest du mich jeden Tag aufs Neue körperlich und emotional misshandeln?"

Ich weinte und weinte und weinte den Schmerz in mir heraus. Dann überlegte ich, was ich meinen Klienten empfehlen würde, wenn sie in dieser Situation stecken würden. Und ich begann, meiner Mutter einen Brief zu schreiben, ich wollte an die Wut in mir herankommen und sie herauslassen. Ich begann den Brief also mit einer Beschimpfung, um in Kontakt mit der Wut zu kommen. Wut ist in jeglicher Form eine Erlösung, und ich war mir sicher, dass die Wut auch Erlösung für mich bedeuten würde.

Doch: Da war keine Wut, da war nur Mitgefühl.
Ich sah, wie meine Mutter unter ihren Schuldgefühlen litt, wie die Gefühle der Scham und Schuld sich im Körper manifestierten, und ich ertrug den Gedanken nicht mehr, dass sie leiden musste. Die Liebe in mir war viel zu stark geworden, als dass ich es mir erlaubt habe, dass meine Opferhaltung und meine Schuldzuweisungen das überlagerten. Und so spürte ich den Wunsch in mir, ihr zu vergeben.

Ich kaufte eine wunderschöne Figur, einen Jungen mit einem Herzen in der Hand.
Und ich schrieb ihr einen einfachen Brief aus meinem kindlichen Ich heraus.

An Weihnachten war meine Familie bei meiner Frau und mir, und ich nahm meine Mutter mit in mein Zimmer und las ihr den Brief vor.

Ich habe, während ich den Brief vorlas, nur geweint – und sie tat es auch. Endlich, vielleicht das erste Mal nach vielen Jahren und ganz bewusst, spürte ich, wie sehr ich meine Mutter liebte. Oh, wie wir zusammen weinten. Nur jetzt an diesen Segen zu denken, treibt mir die Tränen in die Augen. Als ich den Brief fertig vorgelesen hatte, legte ich meinen Kopf auf ihren Schoß, es war ganz intuitiv. Und ich bat sie, meinen Kopf zu streicheln, mich zu umarmen, mir in diesem Moment all das zu geben, was ich als Kind nie erhalten hatte.

Diese Vergebung war überaus heilsam für uns beide, und die Stunde, in der ich mit meiner Mutter zusammen war, gehört zu den schönsten meines Lebens.

Ein Teil in mir dachte immer, dass der Grund für diesen "Missbrauch" an mir ein Zeichen für fehlende Liebe war. Durch die Vergebung erkannte ich, wie sehr mich diese Person in Wirklichkeit geliebt hatte. Denn mir auf meinem Weg der Erkenntnis zu helfen, indem sie sich bereiterklärte, mir diese Erfahrung zu ermöglichen, birgt wahre Liebe in sich. Diese Erkenntnis konnte aber erst durch meine Annahme und meine Bereitschaft loszulassen in mir reifen. Es war mir möglich, eine höhere

Sicht auf meine Kindheit zu erlangen und den Segen hinter dem Leid zu erkennen.

Oft verstecken wir Menschen uns hinter unserem "Schicksal" und rutschen so automatisch in eine Opferhaltung, die uns nicht guttut. Wenn Sie bereit sind zu vergeben, dann sind Sie auch bereit, die Opferhaltung aufzugeben und die Verantwortung für Ihr Leben, für Ihre Gedanken und Ihre Gefühle zu übernehmen.

Vergebung braucht Mut. Vergebung fordert die Bereitschaft von Ihnen, wirklich heilen zu wollen. Die Vergebung ist ein wichtiger Schritt, um das Leid für uns zu beenden.

Vergebung bedeutet übrigens nicht, dass Sie die andere Person entschuldigen, ihr die Verantwortung nehmen oder die Verletzung gar für "gut" erklären. Vergebung dient in erster Linie Ihnen, sie befreit Sie!

Anleitung zur Vergebung:

Visualisieren Sie die Person oder Personen, die direkt oder auch indirekt an der Entstehung Ihrer Blockade beteiligt waren. Wenn Sie gar nicht wissen, ob Ihre Blockade in Zusammenhang mit anderen Personen steht, so bitten Sie Ihr Unterbewusstsein oder Ihre Seele, Ihnen ein Bild zu geben. Achten Sie dann auf Ihre Gefühle und Gedanken, vielleicht haben Sie eine Art "Ahnung".

Visualisieren Sie diese Person oder diese Personen dann, lassen Sie sie vor Ihrem inneren Auge erscheinen – entweder einfach im Geist an einem wunderschönen Ort, an dem Sie sich wohlfühlen und die Kraft haben, mit der Person zu sprechen, oder stellen Sie sich vor, dass die Person genau jetzt vor Ihnen in diesem Raum steht. Stellen Sie sie vor sich hin, anfangs vielleicht mit einem kleinen Abstand, so dass es für Sie leichter ist, zentriert und bei sich zu bleiben.

Schauen Sie in die Gesichter dieser Personen, schauen Sie sie genau an. Beobachten Sie ihre Körperhaltung, denn diese allein gibt Ihnen schon viel Auskunft über den Gemütszustand, über die Meinung zu der ganzen Situation.

Vielleicht sehen Sie um sich herum Menschen, die sich von Ihnen abwenden und Ihnen somit deutlich das Signal geben, dass sie noch nicht bereit sind, die Vorkommnisse für sich anzunehmen. Vielleicht sehen Sie auch, dass sie nicht bereit sind, Verantwortung für ihr Leben zu übernehmen.

Doch ebenso möglich ist es, dass Sie in traurige, schulderfüllte Augen schauen und Sie ganz genau in sich spüren, wie viel Leid diese Person vor Ihnen mit sich herumträgt, weil sie Sie verletzt hat. Vielleicht traut sich diese Person gar nicht, Sie richtig anzuschauen, und wendet voller Scham ihren Kopf ab.

Egal, wie Ihnen der Mensch oder die Menschen, die Sie einst verletzt haben, jetzt begegnen – Sie lassen sie durch Ihre Vergebung wieder frei.

Nähern Sie sich jeder Person einzeln, und stellen Sie die Person vor sich. Schauen Sie sie an und reden Sie mit ihr. Erlauben Sie Ihren Gefühlen, sich zu zeigen, hier auf dieser Ebene darf alles so fließen, wie es fließen möchte. Und sprechen Sie über Ihre Verletzung. Sie brauchen keine Angst zu haben, dass Sie die Person vor sich damit belasten könnten. Sprechen Sie alle Gefühle aus, die in Ihnen sind, erzählen Sie der Person, wie Sie die Situation und Verletzung damals gesehen haben und was die Verletzung mit Ihnen und Ihrem Leben macht. Lassen Sie alle Gefühle und Worte heraus, die in Ihnen sind!

Und dann, wenn Sie bereit sind, nehmen Sie vielleicht eine Hand Ihres Gegenübers in die eigene und sagen dieser Person:

»Du hast mir sehr viel Leid zugefügt. Doch ich möchte dich von jeglicher Schuld befreien. Ich vergebe dir aus meinem ganzen Herzen, aus meinem ganzen Sein. Du bist jetzt frei!«

Ganz wichtig ist es, die Vergebung nur auszusprechen, wenn man sie auch in sich spürt. Es macht keinen Sinn, nur um des lieben Friedens willen zu vergeben, glauben Sie mir, diese Vergebung hat nicht die Kraft, die sie bräuchte.

Wenn Sie nicht vergeben können, dann sagen Sie das der Person vor Ihnen. Sagen Sie: "Ich kann dir im Moment noch nicht vergeben." Bleiben Sie auf jeden Fall ehrlich und authentisch. Vielleicht möchten Sie der Person eine Blume schenken oder ein sanftes Lächeln, als Zeichen Ihrer Absicht, ihr vergeben zu können.

Wenn Sie nicht vergeben können, dann lassen Sie sich Zeit. Sie haben jederzeit wieder die Möglichkeit, diese innere Reise und Begegnung stattfinden zu lassen!

Überprüfen Sie in den nächsten Tagen dann ganz bewusst, was Sie an der Vergebung hindert, und lösen Sie die Widerstände auf. Lassen Sie Ihre Wut heraus, lassen Sie die Tränen heraus, vielleicht möchten Sie auch einfach Ihre Aufmerksamkeit auf etwas Schönes und Einzigartiges an jener Person richten.

6 – Sich selbst vergeben

Wir Menschen sind am kritischsten mit uns selbst. Mit uns selbst gehen wir am härtesten ins Gericht. Wenn uns das Vergeben bei einer anderen Person schon schwerfällt, so scheint es eine Sache der Unmöglichkeit zu sein, uns selbst zu vergeben. Die eigenen scheinbaren Fehler vergessen? Nein, niemals!!! Eine Erkenntnis im Leben treibt uns durch die schwersten Prüfungen und Lernerfahrungen: die Erkenntnis, dass sich selbst zu lieben die

Grundlage der Liebe zu allem, was ist, darstellt. In dem Maße, in dem wir uns lieben, sind wir fähig zu lieben. Wahre Liebe kennt keine Grenzen – und vor allem nicht die Begrenzung, sich selbst zu lieben.

Folgender Gedanke kommt dazu:

»Sieh dich so, wie wir dich sehen. Du bist ein strahlendes Kind voller Liebe. Erkenne, dass es keine Fehler gibt, du hast niemals einen Fehler begangen. Alles diente dem Lernen, alles waren Reaktionen auf Ursachen, Vereinbarungen auf Seelenebene. Gib dich frei, gib dein Herz frei, damit wir es wieder füllen können mit dem Licht, mit der Liebe, die du bist.«

Sich selbst zu lieben, bedeutet, sich selbst zu vergeben. Auch wenn Sie im Jetzt noch nicht das Gefühl haben, sich so akzeptieren zu können, wie Sie sind, so möchten Sie vielleicht dennoch den ersten Schritt tun, damit genau dies geschieht.

Machen Sie sich nicht länger schlechte Gedanken und Gefühle wegen Erfahrungen aus Ihrer Vergangenheit. Sie haben Entscheidungen getroffen, die Konsequenzen hatten. Sie haben eine Ursache gesetzt, die dann zu wirken begann. Akzeptieren Sie diese als eine Erfahrung, auch wenn die Erfahrung unangenehm für Sie war.

Anleitung zur Selbstvergebung:

Spüren Sie die Erleichterung und den Frieden, jetzt da Sie den anderen Ihre Vergebung geschenkt haben? Und ja, es ist ein Geschenk. Es ist das wahrhaftigste Geschenk, das Sie Ihren Brüdern und Schwestern geben können.

Atmen Sie noch einmal ganz bewusst die Liebe Gottes ein, und erlauben Sie dann Ihren Tränen zu fließen. Dieser Moment gehört Ihnen alleine und ist vielleicht der wichtigste Schritt, den Sie jemals unternommen haben für sich selbst, für Ihre spirituelle Entwicklung und für Ihren inneren Frieden.

Sie fühlen genau, was Sie belastet, was da immer noch eine Wunde in Ihrem Herzen hinterlassen hat – eine Wunde, die Sie sich selbst zugefügt haben aus dem Gefühl der Scham heraus, aus dem Gefühl der Wut gegen sich selbst.

Rufen Sie nun die Personen, bei denen Sie sich entschuldigen möchten. Sehen Sie, wie sie vor Ihren Augen erscheinen, und auch hier beobachten Sie sie für einen Moment. Vielleicht sind sie noch verärgert und wenden sich von Ihnen ab, um Ihnen so ihren Ärger zu verdeutlichen. Vielleicht stehen sie offen vor Ihnen, und ihre Augen sind gefüllt mit Tränen – Tränen, weil sie so berührt sind, dass Sie endlich bereit sind, sich selbst zu vergeben. Wenn Sie dann den Mut gefunden haben, treten Sie vor diese Person und bitten Sie sie mit Ihren Worten um Vergebung.

Tun Sie das so lange, bis Sie sich freier fühlen, und wiederholen Sie diesen Schritt bei jeder Person, die sich Ihnen offenbart. Lassen Sie auch hier Ihren Gefühlen freien Lauf, lassen Sie die Emotionen fließen, damit sie heilen können.

Jetzt ist der Moment gekommen, sich selbst zu vergeben. Vielleicht spüren Sie noch einen Kloß in Ihrem Hals und in Ihnen gibt es noch Restzweifel, dass Sie sich jemals selbst vergeben können. Erinnern Sie sich an Ihr Bedürfnis, heil zu werden, und sprechen Sie den folgenden oder einen von Ihnen gewählten Satz laut aus:

»Ich vergebe mir selbst dafür,
was ich diesem Menschen gesandt und angetan habe.«

Eine wirksame Unterstützung für diesen Schritt ist es, sich selbst zu umarmen. Wenn Sie wirklich bereit sind, sich selbst die Schuld zu nehmen, sich vollkommen zu lieben und sich zu vergeben, dann fühlt sich eine Umarmung gut an und die Liebe wird spürbar.

Vielleicht kann es auch sinnvoll sein, sich zu verinnerlichen, dass es aus geistiger Sicht wirklich keine Schuld gibt und dass auch jener Mensch, den Sie verletzt haben, im Herzen ganz sicher nicht möchte, dass Sie diese Schuld mit sich herumtragen.

Selbstvergebung kann auch ein Prozess sein, der nicht an einem Tag abgeschlossen ist. Es kann notwendig sein – wie zuvor im Schritt der Vergebung –, sich jeden Tag Zeit zu nehmen, um die Widerstände in sich zu überprüfen, wobei Sie sanft mit sich selbst umgehen sollten.

Äußern Sie auf jeden Fall immer wieder die Absicht, dass Sie sich vergeben möchten, vielleicht sogar während Sie sich direkt in die Augen schauen. Wenn Sie Ihre Aufmerksamkeit auf die Selbstvergebung richten, wird sie auch geschehen.

Ein paar Gedanken zwischendurch

Vielleicht kommt Ihnen gerade der Gedanke, dass die Vergebung doch sicherlich besser wirken könnte, wenn Sie in einer realen Begegnung stattfindet. Oder Sie denken vielleicht, dass Sie diese Vergebung nicht mehr machen können, da die Person, die Sie verletzt hat und der Sie vergeben wollen, bereits verstorben ist.

Ich möchte Ihnen kurz etwas zu diesen geistigen Gesprächen sagen: Ein geistiges Gespräch, ein Gespräch im Geist mit einer anderen Person, ist sehr wirkungsvoll, und es macht für unser Gehirn kaum einen Unterschied, ob wir real mit jemandem sprechen oder "nur" im Geiste. Es ist uns nicht immer möglich, Personen direkt anzusprechen, entweder weil sie verstorben sind, zu weit weg sind, weil wir uns nicht trauen oder aus anderen Gründen.

Ich habe es mir schon früh angewöhnt, Konflikte im Geist zu lösen. Ich habe mich früher nie getraut, auf einen Menschen zuzugehen und etwas auszusprechen, ich habe das immer im Geist getan. Ob es Wut war oder Trauer, ich bin immer in Meditation gegangen, habe die Person "geistig" in meinen Raum gestellt und dort mit ihr gesprochen – manchmal sogar sehr laut, was ich mich im echten Leben nie getraut hätte.

Ich hatte keinen Zweifel daran, dass diese Art der geistigen Gespräche ihre Wirkung hat. Bei mir habe ich das sofort gemerkt, ich habe die Emotionen gespürt, die geflossen sind, die Veränderungen in meinem Leben erfahren. Im Außen dauerte es auch nicht lange, bis bei den Personen selbst eine Veränderung eintrat, sie mich anders wahrnahmen oder anders mit mir redeten.

Sie sind ohnehin mit allem, was ist, verbunden, auch mit Menschen. Alle Gedanken, die Sie auf einen Menschen projizieren, zum Beispiel durch ein geistiges Gespräch, "spürt" diese Person. Es verändert die Person, ob ihr das bewusst ist oder nicht.

Manchmal kann es für uns wichtig sein, ein geistiges Gespräch auch im wahren Leben zu führen, Sie werden sicherlich in sich fühlen, ob Sie auch ein echtes Gespräch mit jener Person führen wollen, die Sie verletzt hat. Aber für den Fall, dass Sie dieses Gespräch nicht führen können, sollten Sie wissen, dass ein geistiges Gespräch ebenfalls wirkungsvoll ist. Es geht darum, dass Sie Ihre gestauten Emotionen wieder fließen lassen, und diese Emotion wecken Sie auch, wenn Sie in Gedanken mit einer Person sprechen.

7 – Neu wählen

Ob bei Glaubensmustern, Verhaltensmustern, Krankheiten oder anderen Blockaden, jedes Mal wird eine Neuwahl von uns gefordert.

Was möchten wir eigentlich durch diesen Sieben-Schritte-Prozess erreichen?

Was möchten wir statt der Angst in uns fühlen?

Welches neue Muster wollen wir in uns aktivieren?

Ein Aussprechen, ein Wählen beendet und festigt den Prozess. Jede Wandlung ins uns bedarf einer neuen Ausrichtung. Wir programmieren uns quasi neu, wir erschaffen eine neue Energie.

In den letzten zehn Jahren gab es eine richtige Flut von Büchern zur Wunscherfüllung und zum Gesetz der Resonanz. Ich habe das immer sehr kritisch betrachtet, denn das Wünschen sorgt nicht dafür, dass die Welt irgendwie schöner wird. Ganz im Gegenteil, ein Wunsch bedeutet irgendwie auch immer, dass ich den Jetzt-Zustand nicht annehmen kann.

Es gibt keinen Zweifel: Gedanken und Gefühle sind schöpferisch, Energiefelder – ob "gut" oder "nicht gut" (ich sehe die Welt nicht als positiv und negativ, gut und böse etc.) – kommunizieren miteinander, verbinden und vermischen sich.

Doch die Kraft jener Energiefelder oder auch jener Wünsche stammt nicht aus unserem Verstand, und so wird es schwer sein, etwas zu erschaffen, wenn es nicht unserer Wahrheit und Ausrichtung entspricht.

Eine zentrale Frage in meinem Leben war: Was ist vorherbestimmt, und was ist selbst erschaffen? In den letzten Monaten habe ich darauf immer klarere Antworten erhalten, und ich weiß mittlerweile, dass wir gar keine andere Wahl haben, als Schöpfer zu sein. Nun, wir können nicht alles erschaffen, es gibt einen "Masterplan", doch es gibt viele, viele kleine Pläne, die sehr wohl durch unsere Ausrichtung und unsere Schöpferkraft bestimmt werden.

Es ist also absolut richtig und wichtig, dass der Sieben-Schritte-Prozess mit der Neuwahl abgeschlossen wird.

Anleitung zur Neuwahl:

Ich werde Ihnen in späteren Kapiteln noch genau zeigen, auf welche "Probleme" Sie den Sieben-Schritte-Prozess anwenden können, und werde Ihnen auch neue Wahlsätze aufzeigen, die Sie dann verinnerlichen können.

Doch für den Moment wissen nur Sie, wie Ihre Neuwahl lauten kann.

Dieser letzte Schritt beendet den Prozess für Sie.

Wählen Sie also vollkommen neu, formulieren Sie diese Wahl laut mit der Kraft Ihrer ICH-BIN-Gegenwart, mit Ihrer Schöpferkraft:

»Ich wähle neu ...«
»ICH BIN jetzt bereit, ... zu erfahren!«
»ICH BIN ...«

Am wirkungsvollsten ist es, wenn Sie die Schöpfungsworte "Ich bin" und "Es werde Licht" benutzen. Die Aussprache des ICH BIN ist eines der höchsten Schöpfungsgeheimnisse, die viele Meister schon seit Jahrtausenden lehren. Und auch die Formulierung "Es werde Licht" zieht sofort lösende Energien in den Bereich, in dem es Licht werden soll.

Probieren Sie es ruhig einmal aus, egal für welchen Bereich Sie eine Lösung oder eine Heilung brauchen: "Es werde Licht ..."

Ganz wichtig für diesen letzten Schritt ist der unabdingbare Glaube an die kreierte Schöpfung.

Versuchen Sie, sich das Endergebnis so deutlich wie möglich vorzustellen, es als wahr zu sehen. Vertrauen Sie darauf, dass Sie Mitschöpfer Ihres Lebens sind. Fokussieren Sie sich auf diese Neuwahl, und schließen Sie ab mit den Worten: "Es werde Licht in dieser Angelegenheit!"

Wenn Sie möchten, kann der siebte Schritt auch dafür genutzt werden, Ihre Erkenntnisse und Ihr Wissen über das "Erschaffen" zu nutzen. Wünschen Sie, erschaffen Sie, egal mit welcher Methode. Jetzt ist der richtige Zeitpunkt, diese Kraft und die Gesetze anzuwenden.

Und nun?

Es gibt nun nichts mehr zu tun für Sie. Egal worauf Sie den Sieben-Schritte-Prozess angewandt haben, ruhen Sie sich jetzt aus und lassen Sie es einfach geschehen. Ihre Absicht und Ihr Wunsch, die Begrenzungen fallen zu lassen, die Blockade endgültig aufzulösen, schwingen durch das Universum und ziehen die Energien an, um Ihnen die Heilung zukommen zu lassen, nach der Sie sich so sehr sehnen.

Vertrauen Sie darauf. Vertrauen Sie auf die Gnade Gottes. Vertrauen Sie auf die Hilfe Gottes. Und vertrauen Sie auf Ihre eigene Kraft.

Sie können diesen Sieben-Schritte-Prozess auf all das anwenden, was Ihnen nicht mehr dienlich erscheint. Integrieren Sie diese Schritte in Ihren Alltag, und wann immer Sie einer Situation begegnen, die Ihnen nicht behagt, wenden Sie die Schritte auf die Situation an und lassen Sie so Heilung geschehen.

Praktische Anwendungen des Sieben-Schritte-Prozesses

Der Sieben-Schritte-Prozess lässt sich grundsätzlich auf alles anwenden, was sich nicht in Harmonie befindet. Jede Energie, jede Blockade, jedes Gefühl, jeder Mangel, jedes Glaubensmuster und jede Situation können durch den Transformationsprozess umgewandelt und in die göttliche Ordnung zurückgebracht werden. Das liegt einfach daran, dass die Ursache hinter all diesen Blockaden meist in nichtgelebten Emotionen zu finden ist. Da sich Emotionen durch die sieben Schritte erlösen und heilen lassen, lassen sich somit auch Krankheiten, Glaubens- und Verhaltensmuster (das betrifft auch Mangeldenken) und schmerzhafte Erinnerungen an die Vergangenheit auflösen.

Damit Sie ein besseres Verständnis für die einzelnen Schritte bekommen, folgen hier zwei Beispiele für die Anwendung des Prozesses:

— Die Heilung von Krankheiten
— Die Heilung von Emotionen (Ängste, Glaubensmuster etc.)

1 – Die Heilung von Krankheiten

Es ist meine Wahrheit, dass sich bei den meisten Krankheiten die Ursache in den Gefühlen finden lässt. Doch ich betone nochmals das Wort "meistens". Es gibt keine allgemeingültige Regel, und auch wenn wir Menschen meist ähnlich "gestrickt" sind und den gleichen Gesetzen folgen, so sind wir doch auch unterschiedlich und reagieren vor allem unterschiedlich. Und es ist auch sicher nicht so, dass man mit dem Sieben-Schritte-Prozess jede Krankheit heilen kann. Es ist auch nicht so, dass man seine Krankheit immer selbst erschaffen hat.

Ich finde es sowieso sehr unangebracht, jemanden für eine Krankheit verantwortlich zu machen oder zu behaupten, alle Krankheiten hätten ihren Ursprung dort und dort. Das kann ich schlicht und ergreifend nicht, und es würde auch keinen Sinn ergeben. Krank zu sein, ist manchmal etwas sehr Schlimmes, und das Letzte, was man in diesem Moment braucht, ist ein Georg, der besserwisserisch mit dem Finger auf die Wunde deutet und behauptet: "Selbst schuld!"

Überhaupt – so sehr ich manchmal alle Menschen und auch mich selbst als gesund sehen möchte, so sind Krankheiten auch nicht "schlecht". Sie sind manchmal nicht einmal in diesem Leben entstanden, sondern mit auf diese Erde gebracht worden. Eine Krankheit hat einen Sinn, auch wenn wir diesen nicht erkennen oder wahrhaben möchten. Krankheiten haben eine Berechtigung und manchmal auch einen bestimmten Zeitpunkt, einen Reifepunk, an dem man sie erlösen kann. Ich zum Beispiel habe seit meiner frühen Kindheit eine Hormonstörung, die ich immer noch nicht heilen konnte. Zweifelsohne ist ein Grund dieser Erkrankung auch das jahrtausendealte Problem, dass ich meine "Größe" nicht annehmen kann. Nun, dies ist ein anderes Thema.

Um zurück zum Punkt zu kommen: Machen Sie sich keinen Druck, öffnen Sie sich für Hilfe von allen Seiten, die Ihnen genehm sind. Nutzen Sie den Sieben-Schritte-Prozess, er ist ein sehr wirkungsvolles Werkzeug, vor allem dann, wenn die Krankheit durch nichtgelebte und -erlöste Emotionen entstanden sind. Erlauben Sie sich, die Ursache Ihrer Erkrankung erkennen zu können. Wird die Quelle einer Krankheit erkannt und werden die damit verbundenen Gedanken und Gefühlsmuster aufgelöst, so kann auch die Krankheit von uns ablassen. Wir haben dann die Botschaft erkannt.

Die sieben Schritte zur Heilung des Körpers im Einzelnen:

Erkennen

Laufen Sie nicht mehr vor der Krankheit weg. Es ist manchmal schmerzhaft, dem Augenblick in die Augen zu schauen, doch in Ihrem Inneren wissen Sie, dass dies die einzige Möglichkeit ist, um Verwandlung zu erfahren. Geben Sie Ihrer Krankheit einen Namen, erkennen Sie sie an, nehmen Sie sie bewusst war, schauen Sie sich an, wie sich diese Krankheit in Ihrem Leben darstellt und wann sie das erste Mal entstanden ist. Können Sie sich vielleicht vorstellen, wie sie entstanden ist? Welche Umstände haben Sie vor der Krankheit erfahren?

Analysieren Sie Ihre Krankheit! Tauchen Sie in die Krankheit oder den Schmerz ein!

Annehmen

Dieser Schritt bedeutet, jegliche Widerstände gegen die Krankheit aufzugeben. Auch wenn es Ihnen schwerfallen mag: Hören Sie auf zu kämpfen. Sagen Sie sich nicht einfach nur: "Ich nehme meine Krankheit jetzt an." Nein, gehen Sie in das Gefühl der Annahme, gehen

Sie an den erkrankten Ort in sich und fühlen Sie Ihre Liebe im Herzen. Seien nicht mehr böse, weil Ihr Körper nicht so funktioniert, wie Sie es gerne hätten. Nehmen Sie die Krankheit an, und spüren Sie die Erleichterung in Ihnen. Fühlen Sie, wie Sie durch die Annahme wieder in Ihre Kraft kommen? Diese Kraft haben Sie die ganze Zeit dafür verwendet, gegen einen Teil in sich selbst zu kämpfen. Das brauchen Sie jetzt nicht mehr.

Loslassen

Spüren Sie in sich hinein. Spüren Sie in Ihre Krankheit hinein, und erlauben Sie es den Gefühlen, den Gedanken und den Erinnerungen, in Ihr Bewusstsein zu treten.

Fragen Sie Ihre innere Weisheit, woher diese Erkrankung kommt, wie diese Energie entstanden ist. Erlauben Sie all dem, was Sie bisher unterdrückt haben, den Weg in Ihr Bewusstsein zu nehmen. Lassen Sie auch innere Bilder zu, wenn sie sich zeigen wollen. Weinen Sie, wenn Ihnen nach Weinen ist, schreien Sie, wenn Ihnen nach Schreien ist. Schämen Sie sich nicht dafür, was in Ihnen ist.

Wenn Sie dann das Gefühl haben, in die Auflösung der Krankheit gehen zu können, rufen Sie ein Geistwesen und lassen Sie sich helfen. Oder gehen Sie Ihren eigenen Weg des Loslassens!

Für den Fall, dass Sie Schwierigkeiten haben, die Gefühle und Gedanken, die zu der Krankheit geführt haben, wahrzunehmen, möchte ich Ihnen sagen, dass dies normal ist. Vielleicht haben Sie ein Stück weit die Fähigkeit verloren, in Ihren Körper zu spüren. Vielleicht ist es auch so, dass Sie tief in sich Angst haben, diesen Gefühlen zu begegnen. Gehen Sie einfach weiter zum nächsten Schritt und wenden Sie den Sieben-Schritte-Prozess weiterhin auf Blockaden in Ihnen an, die sich zeigen. Sie werden sehen, mit etwas Übung und Aufmerksamkeit wird sich der Schleier zwischen Ihnen und Ihren Gefühlen heben.

Auflösen

Saint Germain ist jetzt an Ihrer Seite und begleitet Sie durch den nächsten Schritt. Schließen Sie Ihre Augen und nehmen Sie ihn war. Wenn Sie möchten, können Sie auch einen Engel oder ein anderes geistiges Wesen rufen, das Ihnen viel bedeutet.

Dieses Wesen wird Ihnen ebenfalls zur Seite stehen und Ihnen bei der Auflösung der Energien in Ihnen behilflich sein.

Sagen Sie sich:

> »Mit der Hilfe der geistigen Welt löse ich jetzt
> die kranke Energie aus meinem Bewusstsein,
> aus meinem Unterbewusstsein und aus meinem Körper.«

Visualisieren Sie, wie die kranke Energie Ihren Körper verlässt und in der violetten Flamme von Saint Germain transformiert wird. Lassen Sie dann die gereinigte Energie wieder in Ihren Körper zurückfließen. Es ist reines, göttliches, weißes Licht.

Auch hier ist es noch einmal wichtig zu betonen: Mit wessen Hilfe Sie die Erkrankung auflösen, ist nebensächlich. Nicht jeder glaubt an Engel, aber an irgendetwas glaubt jeder Mensch – und wenn es die Intelligenz des eigenes Körpers ist.

Lassen Sie sich hier einfach von der Intuition führen, sie wird Ihnen das richtige Werkzeug an die Hand geben.

Vergeben

Natürlich ist es wünschenswert, klar zu erkennen, wie sich eine Krankheit manifestieren konnte und welche Personen daran beteiligt waren, dennoch ist es kein Muss, und gerade anfangs kann es Ihnen passieren, dass Sie diesbezüglich etwas im Dunkeln stehen. Sie werden, je öfter Sie den Sieben-Schritte-Prozess für Ihre Entwicklung nutzen, feinfühliger werden und stärker mit Ihrem Körperbewusstsein in Verbindung stehen.

Wenn Sie in den vorherigen Schritten erkannt haben, welche Personen an der Entstehung Ihrer Erkrankung beteiligt waren, rufen Sie diese nun zu sich und visualisieren Sie sie vor Ihrem geistigen Auge.

Spüren Sie noch einmal hinein in die Situation. Was haben sie getan? Wie haben sie Sie verletzt oder unter Druck gesetzt? Spüren Sie noch einmal hinein, und seien Sie dann von Herzen bereit zu vergeben. Sprechen Sie es aus, und wenn Sie das Bedürfnis haben, umarmen Sie den Menschen vor Ihnen.

Falls Sie niemanden vor sich sehen können oder Ihnen nicht klar ist, ob und wer an der Entstehung beteiligt war, dann vergeben Sie all jenen, die beteiligt gewesen sein könnten.

»Ich vergebe all jenen Menschen, die mich durch Worte, Taten oder Gedanken verletzt haben. Ich vergebe all jenen, die an der Entstehung dieser Krankheit beteiligt waren.«

Sich selbst vergeben

Auch hier gilt: Wenn Sie die Ursache Ihrer Erkrankung nicht kennen, dann bitten Sie um Vergebung für die Verantwortung, die Sie abgegeben haben, für Ihre Bewertung und Ihr Urteil über die Personen.

Vielleicht haben Sie Ihre Mitmenschen in etwas hineingezogen, in das sie nicht hineingezogen werden wollten. Vielleicht sind auch Ihre Mitmenschen verletzt und traurig. Bitten Sie um Vergebung, so dass die Situation ruhen und die Verletzung heilen kann.

Wenn Sie dann bereit sind, vergeben Sie sich selbst. Vergeben Sie sich auch dafür, dass Sie die Krankheit eventuell selbst erschaffen haben.

Neu wählen

Nun ist es Zeit für Sie, Ihren Körper auf Heilung auszurichten. Die Belastungen sind jetzt aufgelöst, und es bedarf einer Neuausrichtung Ihrerseits.

Sprechen Sie also laut aus und wählen Sie für sich neu:

»ICH BIN gesund, ICH BIN heil.
ICH BIN Gesundheit in ... (diesem Organ, meinem Körper).
ES WERDE Licht, Liebe und Heilung in all meinen Körpern, Zellen,
Chakren, Organen oder ... «

Der Prozess ist nun zu Ende. Genießen Sie vielleicht noch einen Moment die heilenden Energien um sich herum. Bedanken Sie sich bei Gottvater, Gottmutter, bei Christus oder Saint Germain für Ihre Heilung.

Die Wahl der Hilfe steht natürlich jedem frei. Wenn Sie einen stärkeren Bezug zu einem anderen Engel oder Meister haben, dann binden Sie ihn in den Prozess mit ein.

Das betrifft ebenso die Wahl der Affirmationen und Formulierungen. Vertrauen Sie auf Ihre innere Weisheit, auf Ihr inneres Gefühl.

2 – Die Heilung von Emotionen

Eine Emotion, die ein jeder von uns schon einmal gespürt hat, ist die Wut.

Die Wut entsteht in uns, wenn wir etwas sehen, was uns verletzt, wenn wir angegriffen werden oder etwas nicht bekommen, was wir uns so sehr gewünscht und was wir erwartet haben.

Obwohl die Wut uns dabei hilft, zu uns zu stehen und uns weiterzuentwickeln, so gehört sie dennoch zu den destruktivsten Emotionen, die ein Mensch imstande ist zu erleben – wenn wir sie am Fließen hindern. Umso wichtiger ist es, sich der Quelle der Wut bewusst zu sein und diese Emotion anzunehmen, sie sprechen zu lassen, um sie dann wieder loszulassen.

Ich möchte Ihnen anhand der Wut den Sieben-Schritte-Prozess zur Anwendung von Gefühlen zeigen.

Erkennen

Erkennen Sie die Wut in Ihnen. Womöglich wissen Sie, wieso Sie auf welche Situation mit Wut reagieren. Schauen Sie sie in Ruhe an. Worauf haben Sie mit Wut reagiert? Wie hat es sich angefühlt? Wo in Ihrem Körper haben Sie die Wut wahrgenommen? Erlauben Sie sich, die Situation noch einmal im Geist zu wiederholen, in der Sie die Wut (oder ein anderes Gefühl oder Verhaltensmuster) gelebt haben.

Annehmen

Nehmen Sie die Wut in sich an. Sie möchten vielleicht nicht wütend sein und verurteilen sich dafür. Nehmen Sie auch dies an. Sie dürfen wütend sein, und Sie sind jetzt wütend. Es ist egal, ob es richtig oder falsch, gut oder schlecht ist. Es ist, wie es ist. Die Wut zeigt sich Ihnen nun, nehmen Sie sie an. Sie zeigt Ihnen, dass nur durch die Annahme die Wandlung kommen kann.

Sehen Sie die Energie hinter der Wut, spüren Sie die Sehnsucht, den Wunsch und die Verletzung in sich, und nehmen Sie diese Verletzung in Ihren Arm. Erlauben Sie der Wut, dass sie eine bestimmte Form annimmt. Bitten Sie um ein Bild für diese Wut in Ihnen, und nehmen Sie das Bild oder die Form in Ihre Arme. Lassen Sie all die Liebe fließen, zu der Sie fähig sind.

Loslassen

Gestehen Sie allen Gefühlen in sich die Freiheit zu, gelebt zu werden. Lassen Sie die Wut heraus. Sie ist eine Energie, die sich bewegen will. Halten Sie sie nicht länger fest.

Wenn Sie das Bedürfnis haben zu schreien, dann schreien Sie. Wenn Sie weinen oder sogar mit dem Kissen auf den Boden schlagen möchten, dann fühlen Sie sich frei, das zu tun. Und dann seien Sie bereit loszulassen.

Auflösen

Saint Germain ist jetzt an Ihrer Seite und begleitet Sie durch den nächsten Schritt. Schließen Sie Ihre Augen, und nehmen Sie ihn und die violette Energie war.

Wenn Sie möchten, können Sie auch einen Engel oder ein anderes geistiges Wesen rufen, das Ihnen viel bedeutet. Dieses Wesen wird Ihnen ebenfalls zur Seite stehen und Ihnen bei der Auflösung der Energien in Ihnen behilflich sein.

Sagen Sie:

»Mit der Hilfe der geistigen Welt löse ich jetzt die Wut aus meinem Bewusstsein, aus meinem Unterbewusstsein und aus meinem Körper.«

Visualisieren Sie, wie die Wut Ihren Körper verlässt und in der violetten Flamme von Saint Germain transformiert wird. Lassen Sie dann die gereinigte Energie wieder in Ihren Körper zurückfließen. Es ist reines, göttliches, weißes Licht.

Vergeben

Vergeben Sie nun der Person, auf die Sie wütend sind. Visualisieren Sie die Person oder die Personen, und sprechen Sie aus, was Sie aussprechen möchten.

Führen Sie ein klärendes Gespräch und vergeben Sie anschließend, so dass Sie und alle Beteiligten frei sind.

Sich selbst vergeben

Bitten Sie um Vergebung, denn auch Sie haben die Person, die an der Entstehung Ihrer Wut beteiligt war, vielleicht durch Ihre Worte und Taten verletzt.

Im nächsten Schritt vergeben Sie sich selbst. Erlauben Sie sich, sich wieder selbst zu lieben.

Sie sind es wert, dass Sie sich selbst lieben.

Neu wählen

Sie haben nun die Wut erfolgreich aufgelöst. Entscheiden Sie also neu:

»ICH BIN friedvoll. ES WERDE Frieden in dieser Situation.«

Wählen Sie das Gegenteil jener Emotion, die Sie nun aufgelöst haben.

Wenn es Wut war, dann wählen Sie nun den Frieden.
Wenn es Zweifel war, dann wählen Sie Vertrauen.
Wenn es Trauer war, dann wählen Sie die Freude.

Der Prozess ist nun zu Ende. Genießen Sie vielleicht noch einen Moment die heilenden Energien um sich herum. Bedanken Sie sich bei Ihrem geistigen Helfer für die Unterstützung.

Aller Anfang ist schwer

Das größte Wissen, das wir gesammelt haben, bringt nichts, führt zu nichts, verändert nichts, wenn wir das Wissen nicht in unser Leben integrieren und es anwenden. Es gibt unzählige Lösungen für ein Problem, nicht nur eine, und sicherlich haben Sie im Laufe Ihres Lebens auch gute Ratschläge erhalten oder Möglichkeiten der Problemlösung aus Büchern oder in Seminaren gelernt.

Die beste Methode hilft aber nichts, wenn sie nicht genutzt wird. Und genau hier hapert es bei den meisten Menschen.

Ich höre oft die Klagen von Menschen, die ein Problem haben, es aber nicht lösen können (mich eingeschlossen). Jene Menschen suchen dann verzweifelt ein weiteres Buch, das sie lesen können, oder besuchen ein weiteres Seminar. Vielleicht bekommen sie dann wieder einen wichtigen Impuls oder Hinweis, sind für ein paar Tage "beflügelt", doch schon bald wird das nächste Buch gelesen. Wir Menschen haben uns zu Wissensjägern entwickelt, doch irgendwie haben wir verlernt, jene Kräfte, die uns zur Verfügung stehen, auch wahrhaft zu nutzen.

Erst vor wenigen Tagen hatte ich ein Gespräch mit einer Bekannten, die ein Beziehungsproblem hat (wer hat das nicht :-)) und nicht verstand, wieso sie immer wieder in den gleichen Abläufen steckt. Auf meine Frage, ob sie sich einmal erlaubt habe, die Ursache und Botschaft hinter ihrem "Problem" zu fühlen, war die Antwort, dass sie nicht darankommen würde. Sie habe es schon probiert.

Ein Problem nicht lösen können, finde ich so selten, wie eine vom Aussterben bedrohte Tierart live mit eigenen Augen zu sehen. Wieso sollte sich ein Problem nicht lösen lassen?

Nehmen wir einmal eine Angst. Es ist nicht unbedingt natürlich, eine Angst zu haben.

Nehmen wir eine Krankheit. Es ist auch nicht unbedingt natürlich, krank zu sein.

Nehmen wir ein störendes Verhaltensmuster. Es ist auch nicht unbedingt natürlich, dieses mit sich herumzutragen.

Die Ursachen für eine jede Krankheit, für ein jedes emotionales Problem, für eine jede Angst und ein jedes Verhaltensmuster, das uns stört, kann man immer finden – selbst wenn das Problem scheinbar angeboren ist und in einer anderen Inkarnation entstanden ist.

Das Einzige, was uns daran hindert, die Ursache eines Problems zu erkennen und damit den Grundstein für die Umwandlung und Heilung zu legen, ist das Nichtsuchen, das Nicht-wissen-Dürfen oder Nicht-wissen-Wollen.

Manchmal ist der Schmerz hinter einem Problem so groß, dass wir Angst haben, den Schmerz zu fühlen. Als Schutz baut das Unterbewusstsein ein Wall auf, der dafür sorgt, dass wir nicht so einfach die Ursachen aufdecken können.

Ich bin mir auch sicher, dass es Probleme und Krankheiten gibt, die man nicht einfach lösen kann. Sie sind Teil eines Seelenplanes und lösen sich erst dann, wenn der "Apfel" auch wirklich reif ist und vom Baum fällt (wenn ein bestimmter Zeitpunkt im Leben eintritt, eine tiefgreifende Wandlung geschieht oder eine Erkenntnis zu uns kommt). Oder sie lösen sich gar nicht, da wir sie als Begleiter erwählt haben und das Problem unser dauerhafter Diener ist.

Doch in den meisten Fällen liegt es einfach daran, dass wir nicht suchen. Wir nehmen uns nicht die Zeit, uns selbst zu erforschen, zu reflektieren. Wir erlauben uns nicht zu fühlen. Wir geben viel zu schnell auf. Egal, welches Problem Sie haben, sei es ein "Putzwahn", ein plötzlich auftretender Schmerz in der Schulter oder die Angst, Ihren geliebten Menschen zu verlieren – hinter all diesen Problem steckt meist ein emotionaler Konflikt. Es gibt also einen Entstehungspunkt, eine Ursache für dieses Problem, und es ist keine Frage, **ob** Sie die Ursache erkennen können, sondern die Frage ist einfach nur – **wann**? Und dieser Zeitpunkt wird sehr stark von unserer Fähigkeit, am Ball zu bleiben, bestimmt. So wie bei meiner Bekannten, die ich natürlich gefragt habe, wie oft sie denn versucht habe, die Ursache ihres Problems zu finden.

Es ist so: Wir alle verbringen am Tag sehr viel Zeit mit Dingen, die eher unwichtig sind. Mal Hand aufs Herz und ehrlich sein ... Ich selbst verbringe auch gerne Zeit mit Dingen, die eher unwichtig sind, also ich möchte Ihnen hier nicht als Moralapostel erscheinen. Fernsehschauen gehört bei mir zu den unwichtigen Dingen, aus diesem Grund habe ich den Fernseher schon vor Jahren entsorgt. In letzter Zeit ertappe ich mich öfter dabei, wie ich auf Facebook lese, was meine Freunde und die Welt so denken und tun – doch das ist unwichtig.

Aller Anfang ist schwer

Ich möchte keine Diskussion mit Ihnen anfangen, was und ob etwas nun wirklich unwichtig ist. Ja, es entspannt vielleicht, mal einen Film anzuschauen. Aber nun überlegen Sie einmal, wie viele Stunden Sie in den letzten sieben Tagen mit "unwichtigen" Dinge verbracht haben. Das habe ich meine Bekannte natürlich auch gefragt. Ich will mit dieser Frage kein schlechtes Gewissen heraufbeschwören, sondern ich möchte motivieren.

Ich bin mir sicher: Egal welcher Mensch, egal welches Problem, den größten Teil der Probleme kann man innerhalb weniger Stunden lösen. Dabei ist auch nicht wichtig, wie man es löst.

Natürlich, der Sieben-Schritte-Prozess ist ein wunderbares Werkzeug. Ich empfinde ihn als Universalheilmethode für so ziemlich alle Probleme. Aber selbst wenn Sie eine andere Methode für sich nutzen wollen, egal welche, in den meisten Fällen werden Sie damit Ihr Problem lösen können. Wenn Sie am Ball bleiben! Wenn Sie sich ein paar Stunden Zeit nehmen oder sich jeden Abend vor dem Schlafengehen ein bestimmtes Thema vornehmen, dann signalisieren Sie Ihrem göttlichen Anteil, Ihrer Seele, Ihrem Unterbewusstsein, Ihrem inneren Heiler – egal, wie Sie die geistige Kraft in sich nennen: "Ich möchte das lösen!" Und genau so wird es auch kommen. Sie werden es lösen.

Sie können jedes Problem (bis auf die Ausnahmen) in wenigen Minuten, Stunden, Tagen oder Wochen lösen. Aber Sie müssten am Ball bleiben und die Lösung Ihres Problems zu Ihrer Hauptaufgabe machen.

Wir Menschen haben irgendwie eine Gewohnheit für Schmerzen und Leid entwickelt.

Wenn jemand ein körperliches Problem entwickelt, hört man oft:

> »Ach, das geht schon wieder weg!«
> »Ich nehme jetzt Tabletten dafür!«
> »Im Alter wird man eben anfälliger für Probleme.«

Ich möchte Ihnen um Gottes Willen Ihre Tabletten nicht abtrünnig machen. Ich gehöre nicht zu jenen Menschen, die die Schulmedizin verteufeln. Aber ich fragte mich oft, wieso wir Menschen diese Probleme als normal ansehen. Es geht mir auch nicht darum, gegen Krankheiten und Probleme anzukämpfen. Dies würde keinen Sinn ergeben.

Aber wieso akzeptiert man einfach, dass dieses Problem nun da ist, und verspürt nicht den Wunsch, die Ursache dahinter zu erkennen? Wir Menschen haben etwas, das wir die Stimme des Herzens oder den inneren Heiler nennen könnten, eine eigene innere Weisheit, die Intuition im Herzen. Je stärker die tosenden Wellen in uns und um uns herum sind, je stärker der Wind um uns herum braust, umso weniger können wir unsere innere Weisheit anzapfen. Die Stimme unseres Herzens ist leise, sie flüstert, sie brüllt nicht. Und wir brauchen Geduld und Zeit, damit die Weisheit unseres Herzens wieder mit uns spricht.

Der Sieben-Schritte-Prozess für Fortgeschrittene – das transformierende Herz

»Klopfe an – und dir wird aufgetan.«

Seit Anbeginn der Menschheit haben sich tausende Lehren entwickelt, viele Meister und Meisterinnen wurden geboren und die meisten von ihnen lehrten uns, auf unser Herz zu hören. Sie beschrieben das Herz als Zentrum des Universums.

Für viele von uns sind diese Worte leere Worte, wie ein Körper ohne Leben und Seele. Auch der lieb gemeinte Rat einer Freundin, auf unser "Herz zu hören", entpuppt sich als sinnloses Unterfangen, da dieser Kontakt zu unserem Herzen irgendwie verloren gegangen ist.

Die meisten Menschen haben den Kontakt zu ihrem Herzen verloren. Durch all die Erfahrungen, die wir in diesem und auch in anderen Erdenleben gesammelt haben, haben sich große und schwere Schleier vor dem Herzen aufgebaut. So sehr wir auch versuchen, auf unser Herz zu hören oder in unser Herz "zu gehen", es gelingt uns nicht.

Und doch ist es das Herz, das alles zu heilen vermag. So sehr wir auch mit unserem Verstand, mit unserer Angst und der Illusion der Trennung Welten erschaffen haben, leidvolle Welten, in uns und auch auf Mutter Erde – die Energie des Herzens kann nicht verändert werden.

Das Herz enthält alle göttlichen Tugenden, die es gibt. Unser Herzzentrum ist wie ein Abbild der Quelle und somit auch ein Abbild der Gnade, des Lichtes, der Liebe und auch der Heilung und Ordnung. Wenn Sie mit dem Sieben-Schritte-Prozess intensiver arbeiten werden, werden Sie feststellen, dass die Schritte des Erkennens, des Annehmens, des Loslassen und des Vergebens mit einem Gefühl der Liebe verbunden sind und dass es zwischen diesen scheinbar einzelnen Schritten keine Trennung mehr gibt.

Es ist wie ein fließender Prozess aus dem Herzen heraus. In dem Moment, in dem Sie die Energie oder das Problem annehmen, vergeben Sie automatisch auch jenen

Menschen, die daran beteiligt waren. Und Sie müssen nicht mehr bewusst loslassen, denn Sie spüren ganz deutlich, wie Sie durch die Annahme bereits losgelassen haben. Selbst das Auflösen scheint wie von selbst zu gehen, alleine dadurch, dass Sie angenommen haben.

Wenn Sie diese Erfahrungen gemacht haben, dann waren Sie mit Ihrem Herzzentrum verbunden und haben die Energien und Ihre Probleme aus dem Herzen heraus betrachtet. Es gibt keine Kraft, die mehr transformieren, mehr Heilung und Ordnung bringen könnte als das Herz.

Das Herz ist die fühlende Vergebung, immer da, es unterstützt das Loslassen von alten Begrenzungen, es ist die immerwährende Annahme in Liebe und die Kraft der Transformation und Heilung.

Ich kann Sie nur ermutigen, den steinigen Weg ins Herz zu gehen und dann aus dem Herzen zu leben. Gewiss – es ist ein Meisterweg, und auch mir gelingt es nicht dauerhaft, im Herz zu sein. Doch wenn Sie in Ihrem Leben auf Widerstände treffen, auf eine Energie, die Sie erlösen möchten, Leid, dass Sie wandeln möchten, so werden Sie im Herzen Ihren weisesten Berater, den treuesten Freund und die größte heilende und transformierende Kraft finden.

Dann wird es nicht mehr notwendig sein, die Schritte im Einzelnen durchzugehen, sondern Sie werden sich dann nur noch Ihrer Verbindung mit Ihrem Herzen bewusst sein – und der Prozess wird von alleine geschehen.

Sie können diesen Weg als Anfänger des Sieben-Schritte-Prozesses natürlich ausprobieren. Doch die Erfahrung zeigt, dass es wichtig ist, die Schritte am Anfang zu "trennen", sie alle einzeln zu durchleben und zu erfahren.

Die Erkenntnis, dass die Schritte eigentlich einen Prozess darstellen, der mit dem Herzen in Verbindung steht, geschieht von ganz alleine.

Es wird Zeit, mit dem Verstand zu fühlen und mit dem Herzen zu denken.

Abschluss

Lieber Leser,
dieses Buch war von Anfang an als Praxisbuch gedacht. Sie haben genug Wissen gesammelt, ob in diesem Leben oder in anderen Leben. Sie haben auch sicherlich schon Erfahrungen im spirituellen Bereich gemacht.

Mein Anliegen war es, Ihnen eine Methode zu zeigen, die Sie auf Ihrem Seelenweg begleitet und unterstützt.

All das Leid, das wir erfahren haben, hatte einen gewissen Sinn für uns. Doch ich spüre genauso wie Sie den Wunsch in mir, dass das Leid auf Erden verringert werden sollte.

Die Entwicklung auf Erden unterliegt, wie alles im Universum, bestimmten Zyklen. Und ich bin mir sicher, dass wir in den nächsten Jahren, Jahrzehnten und Jahrhunderten eine ganze neue Erfahrung hier auf Erden machen werden – die Erfahrung, dass wir alle die göttliche Liebe in uns entdecken, unseren Ursprung erfahren und somit die Weltgeschichte verändern. Das, was viele das goldene Zeitalter nennen, den "Aufstieg" der Erde, das Paradies auf Erden, ist längst schon auf Erden angekommen. Es ist in unserem Herzen, und es wird Zeit, dass sich diese Liebe im Inneren nun erneut entfacht und nach außen kehrt.

Ich bitte Sie, legen Sie dieses Buch nicht einfach nur zur Seite und denken sich: "Ja, ganz nett, da könnte etwas Brauchbares dabei sein."

Ich möchte nicht, dass der Sieben-Schritte-Prozess und dieses Buch als Pausenfüller oder leichte Motivation gesehen wird. Dies betrifft natürlich alle Bücher und Methoden.

Probieren Sie die Methode aus, immer wieder. Wenden Sie diese sieben Schritte so oft, wie es Ihnen möglich ist, auf alles an, was Sie stört, auf alles, was Sie verwandeln und heilen möchten.

Ich wünsche Ihnen Segen und Heilung, denn das haben Sie wahrlich verdient.
Alles Liebe,
Georg

P. S. Gerne können Sie mir eine Frage zu dem Thema Sieben-Schritte-Prozess schicken. Diese werde ich dann (ich bitte um Geduld) beantworten und in zukünftige Neuauflagen einfließen lassen.

Anhang

Der Sieben-Schritte-Prozess – die Meditation

Eine Meditation ist eine einfache und sehr sinnvolle Möglichkeit, diesen Sieben-Schritte-Prozess zu vollziehen.

Da ich mir abends immer Meditationen ausdenke oder geistig bekomme, wenn sich in meinem Leben etwas zeigt, was ich wandeln möchte, habe ich für den Sieben-Schritte-Prozess natürlich ebenfalls eine kleine Meditation geschrieben. Bedenken Sie bitte: Kein Buch der Welt kann unseren Geist und unser Leben verändern, wenn wir das Wissen nicht durch das Erfahren und das Handeln in gelebte Weisheit wandeln. Die in diesem

Buch beschriebene Methode hat ebenfalls nur "Erfolg", wenn sie angewandt wird.

Wenn Sie möchten, lesen Sie die Meditationstexte, die Sie im nächsten Kapitel finden, vor und nehmen Sie sie dabei mit einem Aufnahmegerät auf. Ein Handy bietet diese Funktion meistens.

Sie können den Text aber auch von Ihrem Partner oder einem Freund vorlesen lassen. Legen Sie dabei eine schöne Hintergrundmusik auf, und achten Sie darauf, dass Sie oder Ihr Partner sich beim Vorlesen Zeit lassen.

Ich habe drei Meditationen geschrieben, damit Sie den Sieben-Schritte-Prozess für sich anwenden können:

— Der Sieben-Schritte-Prozess zur Heilung von Emotionen, Ängsten und Verhaltensmustern

— Der Sieben-Schritte-Prozess zur Heilung der Vergangenheit

— Der Sieben-Schritte-Prozess zur Heilung des Körpers

Für den Fall, dass Sie diese Meditationen mit einem Partner machen oder sie selbst aufsprechen möchten, finden Sie hier im Buch die Texte dazu. Beachten Sie bitte, dass ich in allen meinen Meditationen die persönliche Ansprache mit "Du" gewählt habe und dass Sie beim

Vorlesen oder Aufnehmen des Textes immer Pausen an den richtigen Stellen lassen sollten. Die Meditation sollte zwischen 30 bis 50 Minuten dauern.

Vorgehensweise zum Herunterladen der drei Meditationen

Die zum Buch gehörigen Meditationen können Sie sich kostenlos auf der Seite des Silberschnur-Verlages oder auf meiner Seite herunterladen.

Der Link, den Sie in Ihren Browser eingeben müssen, lautet:
www.silberschnur.de/meditationen
oder
www.jeomra.de/7Schritte

Jede MP3-Datei/Meditation lässt sich mit dem Windows-Media-Player oder einem anderen Programm auf dem Handy oder dem Kindle (manche Kindle-Geräte können auch Musik-Dateien abspielen) abspielen. Sie können die Meditationen aber auch auf Ihren Computer herunterladen und dort zu einer CD brennen.

Die Meditationen zum Vorlesen und Nachsprechen

Der Sieben-Schritte-Prozess zur Heilung
von Emotionen, Ängsten und Verhaltensmustern

Es ist jetzt Zeit, zu entspannen und loszulassen. Komm zur Ruhe und vergiss für einen Moment das, was gestern war und morgen sein könnte. Lass einfach los, lausche meinen Worten und der Musik, die dich immer tiefer in die Ruhe führen. Spüre einen Moment in deinen Körper hinein, spüre, wie er wohlig warm wird und wie sich jede Anspannung langsam löst.

Erlaube deinem Körper, vollkommen entspannt zu sein.

Dein Atem strömt durch deine Nase in deine Lunge und versorgt dich mit Energie, so dass du zwar entspannt bist, jedoch klar und konzentriert.

Mit jedem Atemzug tauchst du tiefer und tiefer in dich hinein.

Mit jedem Ausatmen lösen sich die Verspannungen in dir – und du wirst ruhiger.

Mit jedem Einatmen nimmst du frische Energie auf.

Spüre diesen Atem in dir, wie er dich trägt, wie er dich einhüllt und mit allem versorgt, was du brauchst.

Er fließt von ganz alleine, ohne dass du etwas dafür tun musst.

Und nun spüre in dich hinein und schaue einmal, welche Emotion es ist, die du heute erlösen und heilen möchtest.

Vielleicht spürst du schon lange eine tiefe Traurigkeit in dir, ein Gefühl der Ohnmacht oder eine schier unbändige Wut oder es ist eine große Angst in dir.

Erlaube dir für einen Moment, die Emotion zu fühlen, und betrachte die Ursache dieser Emotion.

Wenn diese Emotion mit einer vergangenen Situation verknüpft ist, so lasse dir ein Bild geben. Erlaube es deinem Unterbewusstsein oder deiner geistigen Führung, dir ein Bild zu zeigen, durch das du die Ursache deiner Emotion erfahren kannst.

Urteile nicht darüber, was du dort siehst. In diesem ersten Schritt geht es nur darum zu erkennen, was dich blockiert.

Und nun schaue in Ruhe, wie sich die Emotion in deinem Leben darstellt. Wie blockiert sie dich?

Wie zeigt sie sich? Was macht sie mit dir?

Und nun benenne deine Emotion.

»Die Angst, verlassen zu werden.«
»Die tiefe Trauer in meinem Herzen.«
»Das Gefühl der Ohnmacht in mir.«

Gib deiner Emotion einen Namen.

Und nun fühle in dein Herz ... in dein liebendes Herz ...

Erlaube der Energie deines Herzens, in das Bild hineinzufließen, das du gerade eben betrachtet hast und das die Ursachen deiner Emotion zeigt.

Wenn du kein Bild gesehen hast, so gib deiner Emotion eine Form.

Vielleicht offenbart sie sich dir als ein Stein, als ein Teddybär oder auch als ein weinendes Kind.

Gib deiner Emotion in deinem Geist eine Form, und dann nimm diese Form, diese Energie, diese Emotion in deine Arme. Öffne dein Herz und lasse all deine Liebe fließen.

Spüre deine Bereitschaft zur Annahme in dir. Egal, was geschehen ist, egal, welche Emotionen dich stören, und egal, wie sehr du diese gerne loswerden möchtest.

Sei bereit, sie für einen Moment anzunehmen, JA zu sagen, zu verstehen, dass sie ein Bote ist.

Sage der Emotion:

»Es tut mir leid, dass ich dich verurteilt habe.«

Lasse alle deine Gefühle einfließen, die fließen möchten.

Und dann, wenn du spürst, dass du deine Emotion angenommen hast, sprich laut aus:

»Ich gebe diese Emotion ab, ich bin bereit, meine Begrenzung in Liebe loszulassen.«

Rufe nun ein Wesen aus dem Reich des Lichtes, das dir bei der Erlösung und Heilung deiner Emotion helfen darf. Wenn du bereits schon intensiv mit einem geistigen Wesen verbunden bist, so rufe dieses zu dir. Saint Germain und Erzengel Zadkiel würden mit ihrer violetten Flamme der Transformation hervorragend zu diesem Prozessschritt passen. Du kannst aber auch ein anderes Lichtwesen rufen oder Gottvater selbst um seine Unterstützung bitten.

Ja, es steht dir sogar frei, ganz ohne die geistige Unterstützung deiner Helfer deinen ganz eigenen Weg der Auflösung zu gehen.

Du kannst die Energie in deine Hände nehmen und sie in ein loderndes Lagerfeuer geben oder sie in der Erde vergraben.

Entscheide dich nun und gib die Energie ab, gib die Blockade ab und löse sie auf. Nimm dir hierfür einen Moment Zeit.

Jetzt, da du von der alten Last befreit bist, wird es Zeit, den Menschen, durch die diese Last entstanden ist, deine Vergebung auszusprechen.

Bedenke, du wirst niemals wirklich frei sein, solange keine Vergebung stattgefunden hat.

Rufe im Geist all jene Menschen, die mit deiner Emotion in Verbindung stehen. Vielleicht sind es deine Eltern oder ein Freund von dir, die an der Entstehung deiner Emotion beteiligt waren.

Nimm dir die Zeit dazu, die du brauchst. Rufe all jene Beteiligten, die zu der Entstehung deiner Emotion beigetragen haben, ob unbewusst oder bewusst. Erlaube ihren Energien einfach, zu erscheinen, anwesend zu sein, ob du nun weißt, wer beteiligt war oder nicht. Dein Herz kennt die Antwort, vertraue darauf, lass dich führen.

Gehe zu der Person, die dir in deinem Geist erscheint, gehe in Kontakt mit der Energie, die dir dein Herz offenbart.

Nimm vielleicht die Hände des Beteiligten in deine.

Fühle für einen Moment die Verbindung zwischen euch.

Vielleicht kommt gerade auch ein Gefühl in dir hoch, das sich zeigen möchte, das bewusst erlebt werden möchte. Lass es zu.

Und dann, wenn du bereit bist, sprich folgende Worte laut aus:

»Du hast mir sehr viel Leid zugefügt.
Doch ich möchte dich von jeglicher Schuld befreien.
Ich vergebe dir aus meinem ganzen Herzen,
aus meinem ganzen Sein. Du bist jetzt frei!«

Sprich jene Worte aus und schaue, was geschieht. Spüre in dich hinein und fühle, ob du eine Veränderung in dir bemerkst.

Vielleicht möchtest du diesen Sätzen noch etwas hinzufügen, sie mit deinen eigenen Worten auskleiden. Dann tue auch das. Lasse alles geschehen, was du brauchst, damit nun hier und jetzt Vergebung stattfinden kann.

Vergib jeder Person, jeder Energie, die sich nun zeigt.

Und nun ist die Zeit gekommen, dir selbst zu vergeben.

Komm wieder ganz zu dir zurück, spüre in dich hinein. Dies ist dein Moment, dein heiliger Moment der Selbstvergebung.

Nimm vielleicht noch einen tiefen, befreienden Atemzug.

Hadere nicht mit dir, wir sind nicht perfekt und das müssen wir nicht sein.

Sprich laut die folgenden Sätze nach:

»Ich vergebe mir selbst für alles,
was in irgendeiner Form der Vergebung bedarf.«
»Ich vergebe mir selbst für das,
was ich anderen zugesandt und angetan habe.«

Du weißt, wofür du dir selbst vergeben musst, so sprich es aus.

Sofern du genau in dir fühlst, was dich belastet, was du dir vorwirfst, kannst du diese Sätze natürlich auch für dich verändern.

Und dann nimm dich in den Arm. Sei dir selbst ein Freund, ein Tröster und ein Heiler.

Berühre dich, umarme dich. Vergib dir selbst, tröste dich selbst, heile dich selbst.

Bleibe so lange in der vergebenden, liebenden Energie, bis du das Gefühl hast, dass es gut ist.

Und nun spüre das Neue in dir, spüre die Kraft in dir, den Wind der Veränderung.

Lass das Alte los und heiße das Neue willkommen.

Richte dich innerlich auf, richte dich äußerlich auf und sage, was du nun für dich wählst.

»Ich bin bereit, nun die vollkommene Harmonie zu erfahren.«
"Ich bin die Lebensfreude! Ich bin voller Mut!«
"Ich bin nun in vollkommener Liebe zu …«

Wähle ein neues Gefühl in dir, eine neue Emotion, die dich begleiten soll.

Wenn es die Trauer war, die du gelöst hast, so wähle die Freude in dir.

Wenn es die Angst war, die du gelöst hast, so wähle den Mut in dir.

Nun sind wir fertig mit dem Sieben-Schritte-Prozess zur Transformation von Emotionen.

Fühle in dir, dass es geschehen ist. Fühle die Befreiung in dir, die Veränderung in dir, die Heilung in dir.

Es ist vollbracht.

Genieße für einen Moment noch diesen Frieden in dir, und dann öffne in deinem Tempo wieder deine Augen. Ich danke dir für dein Vertrauen.

Der Sieben-Schritte-Prozess zur Heilung der Vergangenheit

Es ist jetzt Zeit, zu entspannen und loszulassen. Komm zur Ruhe und vergiss für einen Moment das, was gestern war und morgen sein könnte.

Lass einfach los, lausche meinen Worten und der Musik, die dich immer tiefer in die Ruhe führen.

Spüre einen Moment in deinen Körper hinein, spüre, wie er wohlig warm wird und wie sich jede Anspannung langsam löst.

Erlaube deinem Körper, vollkommen entspannt zu sein.

Dein Atem strömt durch deine Nase in deine Lunge und versorgt dich mit Energie, so dass du zwar entspannt bist, dennoch klar und konzentriert.

Mit jedem Atemzug tauchst du tiefer und tiefer in dich hinein.

Mit jedem Ausatmen lösen sich die Verspannungen in dir – und du wirst ruhiger.

Mit jedem Einatmen nimmst du frische Energie auf.

Spüre diesen Atem in dir, wie er dich trägt, wie er dich einhüllt und mit allem versorgt, was du brauchst.

Er fließt von ganz alleine, ohne dass du etwas dafür tun musst.

Und nun spüre in dich hinein und schaue einmal, welche Situation aus deiner Vergangenheit dich heute noch belastet.

Entweder suchst du dir eine Situation aus, oder du bittest deine innere Führung, dir ein Bild zu zeigen. Ein Bild jener vergangenen Situation, die noch deiner Aufmerksamkeit und der Heilung bedarf.

So lasse nun ein Bild in dir entstehen.

Kannst du dich sehen? Erinnere dich an die Situation, wie sie damals war. Schau sie dir an. Schau, ob noch eine andere Person an dieser Erinnerung beteiligt ist. Vielleicht fügt dir jemand Leid zu und behandelt dich ungerecht. Vielleicht siehst du gerade eine alte Auseinandersetzung, die dich im Jetzt immer noch belastet. Egal, was du siehst, beobachte die Situation, lasse sie erst einmal geschehen.

Urteile nicht darüber, was du dort siehst. In diesem ersten Schritt geht es nur darum zu erkennen, was dich blockiert.

Schaue dir an, welche Umstände zu dieser Situation geführt haben.

Und schaue, wie sehr dich diese Situation im Jetzt noch belastet. Wie wirkt sich diese Vergangenheit auf dein jetziges Leben aus?

Und nun fühle in dein Herz ... in dein liebendes Herz ...

Erlaube der Energie deines Herzens, in das Bild hineinzufließen, das du gerade eben betrachtet hast.

Spüre deine Bereitschaft zur Annahme in dir. Egal, was geschehen ist, egal, wie sehr dich dieses vergangene Bild stört, und egal, wie sehr du dieses gerne vergessen möchtest. Sei bereit, die Vergangenheit für einen Moment anzunehmen.

Sie ist geschehen, du kannst sie nicht mehr rückgängig machen. Um die Verletzungen dieser vergangenen Tage heilen zu können, braucht es deine Annahme.

Vielleicht sprichst du dies auch einmal laut aus:

»Ich bin bereit, meine Vergangenheit anzunehmen!«

Und dann, wenn du spürst, dass du deine Vergangenheit angenommen hast, rufe ein Wesen aus dem Reich des Lichtes, das dir bei der Erlösung und Heilung deiner Vergangenheit helfen darf. Wenn du bereits schon intensiv mit einem geistigen Wesen verbunden bist, so rufe dieses zu dir.

Saint Germain und Erzengel Zadkiel würden mit ihrer violetten Flamme der Transformation hervorragend zu diesem Prozessschritt passen. Du kannst aber auch ein anderes Lichtwesen rufen oder Gottvater selbst um seine Unterstützung bitten.

Sieh, wie die violette Flamme in das Bild deiner Vergangenheit fließt und es verändert, spüre, wie Gottvater seinen Segen gibt und der Schmerz der Vergangenheit von dir genommen wird.

Spüre, wie Heilung in deine Erinnerung fließt. Sieh es so, wie du es sehen möchtest.

Sieh Erzengel Raphael, der seinen Heilstrahl in das Bild einfließen lässt. Oder sieh, wie Gott seine Liebe und seine Gnade in deine Erinnerung gibt. Genauso wird jede Person, du eingeschlossen, in deiner Erinnerung von seiner Gnade eingehüllt.

Jetzt, da du von der alten Last befreit bist, wird es Zeit, den Menschen, die an der damaligen Situation beteiligt waren, deine Vergebung auszusprechen.

Bedenke, du wirst niemals wirklich frei sein können, solange keine Vergebung stattgefunden hat.

Rufe im Geist all jene Menschen, die mit deiner Verletzung aus der Vergangenheit in Verbindung stehen. Vielleicht sind es deine Eltern oder ein Freund von dir.

Nimm dir die Zeit dazu, die du brauchst. Rufe all jene Beteiligten, die zu der Entstehung deiner Verletzung beigetragen haben, ob unbewusst oder bewusst. Erlaube ihren Energien einfach, zu erscheinen, anwesend zu sein, ob du nun weißt, wer beteiligt war oder nicht. Dein Herz kennt die Antwort, vertraue darauf, lass dich führen.

Gehe zu der Person, die dir in deinem Geist erscheint, gehe in Kontakt mit der Energie, die dir dein Herz offenbart.

Nimm vielleicht die Hände des Beteiligten in deine.

Fühle für einen Moment die Verbindung zwischen euch.

Vielleicht kommt gerade auch ein Gefühl in dir hoch, das sich zeigen möchte, das bewusst erlebt werden möchte. Lass es zu.

Vielleicht bilden sich auch Worte in deinem Geist, Worte, die ausgesprochen werden wollen. Lass auch dies zu.

Und dann, wenn du bereit bist, sprich nun folgende Worte laut aus:

»Du hast mir sehr viel Leid zugefügt.
Doch ich möchte dich von jeglicher Schuld befreien.
Ich vergebe dir aus meinem ganzen Herzen,
aus meinem ganzen Sein.
Du bist jetzt frei!«

Sprich jene Worte aus und schaue, was geschieht. Spüre in dich hinein und fühle, ob du eine Veränderung in dir bemerkst.

Vielleicht möchtest du diesen Sätzen noch etwas hinzufügen, sie mit deinen eigenen Worten auskleiden. Dann tue auch das. Lasse alles geschehen, was du brauchst, damit nun hier und jetzt Vergebung stattfinden kann.

Vergib jeder Person, jeder Energie, die sich nun zeigt.

Und nun ist die Zeit gekommen, dir selbst zu vergeben.

Komm wieder ganz zu dir zurück, spüre in dich hinein. Dies ist dein Moment, dein heiliger Moment der Selbstvergebung.

Nimm vielleicht noch einen tiefen, befreienden Atemzug.

Hadere nicht mit dir, wir sind nicht perfekt und das müssen wir nicht sein.

Sprich laut den folgenden Satz aus:

»Ich vergebe mir selbst für alles,
was in irgendeiner Form der Vergebung bedarf.«
»Ich vergebe mir selbst dafür,
was ich anderen zugesandt und angetan habe.«

Nimm alle Schuld von dir, vergib dir selbst, dass du in diese Situation geraten bist, und vergib dir selbst, dass du nicht anders gehandelt hast.

Sofern du genau in dir fühlst, was dich belastet, was du dir vorwirfst, kannst du diese Sätze natürlich auch für dich verändern.

Und dann nimm dich in den Arm. Sei dir selbst ein Freund, ein Tröster und ein Heiler. Berühre dich, umarme dich. Vergib dir selbst, tröste dich selbst, heile dich selbst.

Bleibe so lange in der vergebenden, liebenden Energie, bis du das Gefühl hast, dass es gut ist.

Und nun spüre das Neue in dir, spüre die Kraft in dir, den Wind der Veränderung.

Lass das Alte los und heiße das Neue willkommen.

Richte dich innerlich auf, richte dich äußerlich auf und sage, was du nun für dich wählst.

»Ich bin bereit, nun die vollkommene Harmonie zu erfahren.«
»Ich bin nun frei von dieser Belastung aus der Vergangenheit.«

Wähle eine neue Zukunft für dich, ein neues Lebensgefühl!

Nun sind wir fertig mit dem Sieben-Schritte-Prozess zur Transformation der Vergangenheit.

Fühle in dir, dass es geschehen ist. Fühle die Befreiung in dir, die Veränderung in dir, die Heilung in dir.

Es ist vollbracht.

Genieße für einen Moment noch diesen Frieden in dir, und dann öffne in deinem Tempo wieder deine Augen. Ich danke dir für dein Vertrauen.

Der Sieben-Schritte-Prozess zur Heilung des Körpers

Schließe nun bitte deine Augen und erlaube dir, vollkommen entspannt zu sein. Lass den Tag hinter dir, die Sorgen und Gedanken hinter dir. Lass sie einfach los. Atme den Unfrieden in dir ganz bewusst aus. Nutze deinen Atem und deine Geisteskraft. Spüre und sieh, wie dich beim Ausatmen jegliche Anspannung, jeglicher Unfrieden verlässt. Und atme nun ganz bewusst den Frieden ein. Auch hier: Nutze bitte deine Geisteskraft und spüre und sieh, wie du den Frieden einatmest und er sich in deinem Körper, in deinem Sein ausbreitet. Erlaube dir zu spüren, wie dein Atem dich trägt. Dein Bauch hebt und senkt sich von ganz alleine – ohne, dass du bewusst etwas tun musst. Du wirst getragen von deinem Atem, meiner Stimme und der Musik.

Und nun spüre in dich hinein, spüre in deinen Körper hinein. Gibt es einen Bereich in deinem Körper, der nicht so arbeitet, wie du es möchtest?

Gibt es eine Unpässlichkeit, eine Krankheit, ein Unwohlsein in dir?

In diesem ersten Schritt geht es darum, die Krankheit, die Unpässlichkeit, das Unwohlsein zu erkennen. So spüre ganz bewusst und aufmerksam in diesen Bereich hinein. Wie fühlt sich diese Unpässlichkeit an?

Beschreibe für dich selbst, wie sich der Schmerz, dieses ungute Gefühl oder die Krankheit anfühlt ...

Erforsche in dir, ob diese Krankheit dauerhaft präsent ist oder ob sie nur in bestimmten Situationen auftritt.

Und erinnere dich daran, wann diese Krankheit das erste Mal entstanden ist. Begleitet sie dich schon dein ganzes Leben, oder ist sie erst vor kurzem oder vor ein paar Jahren entstanden?

Und nun denke bitte und fühle einmal nach, wie sich diese Krankheit auf dein Leben auswirkt!

Betrachte diese Krankheit, deine Unpässlichkeit von allen Seiten. Wie wirkt sie sich aus? Wie zeigt sie sich? Was macht sie mit dir?

Und nun benenne diese Unpässlichkeit in dir:
Ist/sind es:

— Haarausfall?

— Rückenschmerzen?

- Eine Dysfunktion?
- Gelenkschmerzen?
- Verdauungsstörungen?

Benenne dein Problem und sprich es laut und deutlich aus. Hab keine Angst, dadurch der Krankheit mehr Energie zu geben. Erlaube dir, in die Energie dieser Unpässlichkeit einzutauchen und sie zu benennen.

Und nun fühle in dein Herz. In dein liebendes Herz. Dort in deinem Herzen sitzt die Liebe zu allem, was ist. Gehe mit deiner Aufmerksamkeit in dein Herz. Spüre diese Liebe, diese Wärme für dich.

Wenn du möchtest, kannst du dieses Gefühl in dir noch verstärken, indem du an etwas denkst, was die Liebe in dir automatisch verstärkt. Dein Kind, dein Partner, eine wunderschöne Erinnerung, Tiere in deiner Umgebung oder eine Wanderung durch herrliche Landschaften.

Und in diesem wunderbaren Gefühl der Wärme und Liebe bist du nun bereit, diese Krankheit, diese Unpässlichkeit in dir anzunehmen, sie wahrhaft anzunehmen.

Spüre in deinen Körper, spüre in den Bereich, der nicht so arbeitet und funktioniert, wie du es gerne hättest. Spüre in diesen Schmerz oder in diese Krankheit hinein und nimm sie an.

Gib deine Widerstände auf, höre auf, gegen die Krankheit zu kämpfen.

Es ist wichtig, sehr wichtig, die Krankheit als Boten zu sehen, sie anzunehmen, nicht mehr mit ihr zu hadern.

Fühle in dein Herz, spüre dein Herz, deine Liebe in dir und lasse sie in den Bereich fließen, in dem du die Unpässlichkeit empfindest.

Lege deine Hände wenn möglich auf diese Stelle und lasse all deine Liebe fließen.

Vielleicht sprichst du es auch einmal aus:

»Ich verstehe nicht, wieso du da bist, und am liebsten würde ich dich weghaben wollen. Doch ich bin jetzt bereit, dich anzunehmen, die Ursache, den Grund deines Daseins und selbst den Schmerz einfach nur anzunehmen!«

Wenn du möchtest, lasse dir von deiner inneren Weisheit oder auch von deiner geistigen Führung zeigen, wie es zu dieser Krankheit gekommen ist. Vielleicht kannst du ein Bild sehen oder es erahnen oder auch etwas fühlen. Wenn nicht, dann hadere auch damit nicht. Die Ursache der Unpässlichkeit muss sich nicht zeigen, oder sie zeigt sich dir später.

Und nun lasse los.

Sei einfach bereit loszulassen. Sieh das Bild, wie du deine Krankheit festhältst, vielleicht benutzt du die Krankheit sogar für etwas, was dir noch nicht bewusst ist.

Lasse die Unpässlichkeit nun gehen.

Sage dir vielleicht:

»Ich gebe die Krankheit nun ab,
ich bin bereit, meine Krankheit, meine Unpässlichkeit,
meine Blockade in Liebe loszulassen.«

Rufe nun ein Wesen aus den Reichen des Lichtes, das dir bei der Auflösung deiner Unpässlichkeit helfen wird. Saint Germain und Erzengel Zadkiel sind die Hüter der violetten Flamme der Transformation. Wenn du möchtest, rufe diese Energien zu dir.

Du kannst aber auch ein anderes Lichtwesen rufen oder Gottvater selbst um seine Unterstützung bitten.

Ja, es steht dir sogar frei, ganz ohne die geistige Unterstützung deiner Helfer deinen ganz eigenen Weg der Auflösung zu gehen.

Du kannst die Krankheit, die Unpässlichkeit aus deinem Körper nehmen und sie in ein loderndes Lagerfeuer geben oder sie in der Erde vergraben.

Entscheide dich nun und gib die Energie ab, gib die Krankheit, die Unpässlichkeit nun ab und löse sie auf.

Übergib sie unser aller Vater, gib sie in das violette Feuer der Transformation oder vergrabe sie in der Erde. Wichtig ist nur, dass du siehst und fühlst, dass du von der alten Last befreit bist.

Nimm dir hierfür einen Moment Zeit.

Nun ist der Zeitpunkt gekommen, um wahrhaftig zu vergeben.

Vergib der Krankheit. Vielleicht ist sie durch einen Schock in dir entstanden. Vielleicht war sie ein wichtiger

Bote für dich. Oder du trägst diese Krankheit nicht nur seit dieser Inkarnation mit dir herum.

Wisse, dass alles möglich ist. So vergib nun der Krankheit, dass sie bei dir war.

Und vergib auch allen, die an der Entstehung der Krankheit beteiligt waren, ob sie dir nun bewusst sind oder nicht.

Sage:

»Ich rufe alle Energien und Menschen zu mir, die im Zusammenhang mit der Entstehung dieser Krankheit stehen.«

Wenn du einen Menschen oder eine Energie sehen, spüren oder erahnen kannst, dann gehe zu ihr. Nimm die Hände des Beteiligten in deine und fühle die Verbindung zwischen euch.

Vielleicht kommt gerade ein Gefühl in dir hoch, das sich zeigen möchte, das bewusst erlebt werden möchte. Lass es zu.

Vielleicht bilden sich auch Worte in deinem Geist, Worte, die ausgesprochen werden wollen. Lass auch dies zu.

Und dann, wenn du bereit bist, sprich folgende Sätze laut aus:

»Du hast mir sehr viel Leid zugefügt.
Durch dich ist diese Krankheit in mir entstanden,
eine Krankheit, die mich bis heute belastet.

... zur Heilung des Körpers

Doch ich möchte dich von jeglicher Schuld befreien.
Ich vergebe dir aus meinem ganzen Herzen,
aus meinem ganzen Sein. Du bist jetzt frei!«

Sprich jene Worte aus und schaue, was geschieht. Spüre in dich hinein und fühle, ob du eine Veränderung in dir bemerkst.

Wenn du diesen Sätzen noch etwas hinzufügen möchtest, sie mit deinen eigenen Worten auskleiden möchtest, dann tue auch das. Lasse alles geschehen, was du brauchst, damit nun hier und jetzt Vergebung stattfinden kann, Vergib jeder Person, jeder Energie, die sich nun zeigt.

Und nun ist die Zeit gekommen, dir selbst zu vergeben.

Komm wieder ganz zu dir zurück, spüre in dich hinein. Dies ist dein Moment, dein heiliger Moment der Selbstvergebung.

Nimm vielleicht noch einen tiefen, befreienden Atemzug.

Ärgere dich nicht mehr über dich oder über deinen Körper.

Hadere nicht mit dir, wir sind nicht perfekt und das müssen wir nicht sein.

Sprich laut die folgenden Sätze:

»Ich vergebe mir selbst für alles,
was in irgendeiner Form der Vergebung bedarf.«
»Ich vergebe mir, dass ich diese Krankheit,

> diese Unpässlichkeit, diese Blockade selbst erschaffen habe.«
> »Ich vergebe mir, dass durch diese Krankheit ich selbst
> und vielleicht auch andere leiden mussten.«

Sofern du genau in dir fühlst, was dich belastet, was du dir vorwirfst, kannst du diesen Satz natürlich auch für dich verändern.

Du weißt, wofür du dir selbst vergeben musst, also sprich es aus.

Und dann nimm dich in den Arm. Sei dir selbst ein Freund, ein Tröster und ein Heiler.

Berühre dich, umarme dich. Vergib dir selbst, tröste dich selbst, heile dich selbst.

Bleibe so lange in der vergebenden, liebenden Energie, bis du das Gefühl hast, dass es gut ist.

Und nun spüre das Neue in dir, spüre die Kraft in dir, den Wind der Veränderung.

Lass das Alte los und heiße das Neue willkommen.

Richte dich innerlich auf, richte dich äußerlich auf und sage, was du nun für dich wählst.

> »Ich bin bereit, nun die vollkommene Gesundheit zu erfahren.«

Wähle für dich ein neues Lebensgefühl, eine dir dienliche Energie.

Entscheide dich, sorgsamer mit dir umzugehen, entscheide dich, dass du mehr auf deine inneren Signale hören möchtest.

Und auch hier weißt du am besten, welchen Wunsch du für dich und deinen Körper hast.

So wähle diese Energie, diesen Zustand in dir ganz bewusst.

Und nutze die Schöpfungsworte "ICH BIN" dafür.

Nun sind wir fertig mit dem Sieben-Schritte-Prozess.

Fühle in dir, dass es geschehen ist. Fühle die Befreiung in dir, die Veränderung in dir.

Genieße für einen Moment noch diesen Frieden in dir, und dann öffne in deinem Tempo wieder deine Augen. Ich danke dir für dein Vertrauen.

Über den Autor

Seit seiner Jugend widmet sich Georg Huber intensiv der Energiearbeit, dem Lesen von Energiefeldern, der Heilung von Emotionen und auch der Kräuterheilkunde.

Sein umfangreiches Wissen zu den Themen Gesundheit, Spiritualität und Psychologie gibt er in seinen Ratgebern, auf Veranstaltungen, in Beratungen sowie in seinen Romanen weiter.

www.jeomra.de

Weiterführende Informationen zu
Büchern, Autoren und den Aktivitäten
des Silberschnur Verlages erhalten Sie unter:
www.silberschnur.de

Natürlich können Sie uns auch gerne den
Antwort-Coupon aus dem beiliegenden
Lesezeichenflyer zusenden.

Ihr Interesse wird belohnt!

ca. 40 Seiten, Hardcover-
Buch im CD-Format, mit CD
ISBN 978-3-89845-456-8
€ [D] 16,95

Georg Huber

Befreie deine Medialität
CD mit Meditationen

Hast du das Gefühl, medial veranlagt zu sein, weißt aber nicht, wie du diese Fähigkeit nutzen kannst? Georg Huber hilft dir, deine medialen Sinne zu aktivieren. Das Buch zeigt dir, wie du deine medialen Fähigkeiten entdecken, entfalten und stärken kannst. Die Meditationen auf der CD befreien die medialen Sinne von Blockaden und entfernen den Schleier vor dem dritten Auge.
Endlich kannst du deine Medialität zum Erblühen bringen!

152 Seiten, mit Abb.,
4-fbg., Klappenbroschur
ISBN 978-3-89845-437-7
€ [D] 14,95

Nathalie Bodin

Ho'oponopono
30 Formeln zur Lösung von Konflikten

Entdecken Sie Ho'oponopono ganz praktisch für Ihren Alltag. Nathalie Bodin konzentriert sich auf das Wesentliche im hawaiianischen Vergebungsritual: die Lösung von Konflikten, wie dies in seinen historischen Anfängen der Fall war. Sie hat das ursprüngliche Ritual wiederaufgegriffen und an das moderne westliche Leben angepasst. Sie bringt uns Ho'oponopono nahe, indem sie uns an 30 alltäglichen Situationen zeigt, wie wir Konflikte erfolgreich mit der Energie des Verzeihens und des Reinigens auflösen können.
Entdecken Sie die Weisheit des Ho'oponopono, die auf jeden Konflikt auch in Ihrem Leben anwendbar ist!

120 Seiten, 2-fbg., bros.
ISBN 978-3-89845-452-0
€ [D] 12,95

Silke Gramer-Rottler

Was uns alle trägt

*Die Kraft des Urvertrauens
in einer reizüberfluteten Welt*

Der Weg zur Leichtigkeit des Seins!
Wir leben in einer schnelllebigen Welt, in der Hektik,
Ignoranz und Ängste unseren Alltag bestimmen.
Silke Gramer-Rottler zeigt uns, wie wir zurückfinden
können zur berühmten Leichtigkeit des Seins. Sie erklärt
uns, wie wir in unserem Leben wieder Raum schaffen
können für die wesentlichen Dinge und wie dadurch
die ganzen Unsicherheiten des Alltags verschwinden.
Dieses inspirierende Buch fordert uns alle auf, innezuhalten in unserer schnelllebigen, reizüberfluteten Welt
und uns auf den Weg zu machen, unseren Ängsten zu
begegnen, um zu erfahren, dass das Leben uns trägt.

256 Seiten, Flexocover
ISBN 978-3-89845-434-6
€ [D] 16,95

Nadja Berger

Hellsicht, Medialität, Channeling

Mediale Fähigkeiten verstehen und anwenden

Wie Medialität Ihr Leben bereichern kann
Nadja Berger macht Sie mit der Kunst der medialen Wahrnehmung und Kommunikation vertraut und begleitet Sie
dabei, diese zu erkunden und auszuüben.
Viele praktische Anleitungen und Übungen zur Schulung eigener sensitiver Fähigkeiten helfen Ihnen, Grenzen zu überschreiten, die einem normalerweise gegeben sind, und Dinge zu überschauen, die man aus der
alltäglichen Position heraus nicht wahrnehmen kann.
Entdecken Sie Ihre medialen Fähigkeiten, stärken Sie
Ihre Intuition und begegnen Sie Ihren geistigen Helfern!
Dieses Buch macht es möglich.

296 Seiten, broschiert
ISBN 978-3-89845-469-8
€ [D] 16,95

Usha Gönnawein

33 kosmische Gesetze zum Verstehen des wahren Seins

Usha Gönnawein macht Sie mit den 33 kosmischen Energiegesetzen vertraut und gibt Ihnen die Möglichkeit, die Neue Energie zu erkennen, zu deuten und anzuwenden. Die geistigen Gesetze dieses Buches helfen Ihnen zu begreifen, warum Sie hier sind, wie Sie sind, was Sie noch lernen dürfen und wie Sie das Gelernte anwenden können, damit Sie als Mensch Ihre Göttlichkeit erkennen. Weit mehr als ein Ratgeber oder ein Übungsbuch, beflügelt Sie dieses Bewusstseinsbuch behutsam zu einem neuen Verstehen Ihres wahren Seins – für ein leichteres und zufriedeneres Leben in Fülle!

144 Seiten, broschiert
ISBN 978-3-89845-450-6
€ [D] 12,95

Kurt Tepperwein

Umdenken für ein besseres Leben

Dieses Buch ist Ihr persönlicher Wegbegleiter, der frischen Wind in Ihren Alltag bringt. Es lädt Sie dazu ein, Ihr Dasein etwas genauer zu betrachten und das Leben aus einer neuen Perspektive anzusehen.
Längst eingefahrene Sichtweisen können zu Stagnation, zu Frust, oft auch zu Kummer führen. Und wir denken oft: »Das kann ich nicht ändern.« Kurt Tepperwein zeigt Ihnen, wie Sie Ihr Leben in die Hand nehmen und auf Ihre ganz eigene Art und Weise umdenken können.
Begeben Sie sich mit Kurt Tepperwein auf diese spannende Reise, betrachten Sie das Leben aus einer neuen Perspektive und geben Sie ihm einen neuen Sinn!

192 Seiten, broschiert
ISBN 978-3-89845-393-6
€ [D] 14,95

Gabriele~Saskia Drungowski

Das Beste für dich

Der Weg vom Unbewussten zum Bewussten

Öffnen Sie Tür zu Ihren innersten Räumen, in denen Sie Erstaunliches über sich selbst und Ihre Beziehungen erfahren. Dieses Wissen hilft Ihnen, sich selbst wahrhaft zu erkennen und Ihr eigenes Leben in die Hand zu nehmen, ja sogar die Welt zu verändern.

Die praktischen Anleitungen, Übungen und Meditationen in diesem Buch unterstützten Sie zu begreifen, wer Sie eigentlich sind. Dank dieses Wissens stehen Sie am Anfang einer ungeahnt tiefen Bewusstheit, die alles umfasst, was Sie für Ihr Leben und Ihren eigenen Weg benötigen.

304 Seiten, broschiert
ISBN 978-3-89845-451-3
€ [D] 16,95

Kalea

Krankheiten und ihre Ursachen
aus spiritueller Sicht

Krankheit ist ein Spiegel der Seele, sie hat ihren Ursprung in uns selbst und zeigt, dass etwas in unserem Leben nicht richtig läuft. Die Heilerin Kalea geleitet uns zu einem tiefen Verständnis der Krankheit, indem sie uns vermittelt, was die geistige Welt dazu sagt. Ihre Channelings zu den 80 häufigsten Krankheitsbildern, zu deren Ursachen sowie zu den Heilungsansätzen bieten uns einen einzigartigen Kontakt zu unserer eigenen heilenden Seele.

Kalea zeigt praktische Lösungsansätze, die wahren Ursachen unserer Krankheit und geleitet uns zur Heilung unserer Seele und unseres Körpers.